国際情報分析

実社会で本当に求められる実践的探究法

International information analysis
Practical inquiry methods
that are essential in the real world

關谷武司／吉田夏帆／江嵜那留穂 編

関西学院大学出版会

国際情報分析

実社会で本当に求められる実践的探究法

關谷武司／吉田夏帆／江嵜那留穂 編

主編者の第一声

関西学院大学国際学部

教授　關谷武司

　教育学者が「情報」について語るのは実におこがましい。その自覚は重々あります。しかし、知識基盤社会と言われる現在において、長らく教育テリトリーの主役であった「知識（情報）」は、「身につけるもの」から「利用するもの」へと認識が変わってきました（このあたりの詳しいことは終章をご参照ください）。

　つまり、「知識」も「情報」の一部と見なされる時代に入ったのです。

　人間が文字を持たなかった時代は随分長く続いたと言われています。

　その頃の「知（知識）」は個人の経験をベースにしたものであり、あくまで一個体にとどまります。家族や仲間内程度になら伝えられますが、大きな集団に伝播させることは容易ではなかったでしょう。それを世代を超えて蓄積させるとなると、物語にするなどの工夫をしない限り、いとも簡単に消失したり、内容が置き換わったりしてしまう（だから、昔から伝わる物語や神話などが生まれたのでしょうか）。

　でも、人間は絵を描いて表現することを覚えます。世界各地に残る洞窟壁画などがそうですね。そして、さらには象形文字が作られるようになり、現在まで続くようなさまざまな文字が現れてきます。

　この時を境に人類は「知（知識）」を伝え、時間を超えて蓄えることができるようになる。

　そのことで生活水準は一気に高くなったのではないか。

　そして、「文明」と呼ばれるものを作り出せるようになる。

　それでも相変わらず、得られた「知」を、蓄えられた「知」を、効率よく広く普及させることは容易ではなかったでしょう。

それを実現したのは、印刷術の発明。

　人は昔から利己的で、嘘もついてきたのでしょうが、多くの人間に情報を伝えることで人々の意識を操作し、社会的な力を手にすることを理解したのは、この頃からではないのでしょうか。

　つまり、「知（知識）」が「情報」に置き換えられるようになってきたきっかけの時。

　しかし、まだ「知（知識）」・「情報」の伝達威力を十分に発揮できたわけではない。

　なぜなら、識字教育が一般化していたわけではなかったから（ここで、ようやく教育学者の領域に近づいてきました）。

　情報の普及に革命が起きたのは20世紀初頭のラジオ放送でしょうか。

　この威力は大きかったと思います。

　それまでとは比較にならない数の人間に、しかも離れたところまで情報が届くようになります。読み書きのできない人にも情報が伝わりました。

　そして、テレビの登場（本当はそれら以前に映画があるのですが）。

　1936年にドイツで行われたベルリンオリンピックのテレビ中継は大きなインパクトがあったようです。

　映像の力は音声の比ではない。

　「絵→文字→音声→映像」

　このように情報の媒体が進化してきました。

　ここにさらなる革命が加わったのが、誰でも情報発信が可能となったインターネット社会の出現です。一般の大衆にとって、「情報」とは、与えられるだけのものから、メディアと並んで自ら発信できるものとなりました。

　「人は社会的動物」と言ったのはアリストテレスだったでしょうか。

　社会にどんどん情報が行き渡るようになり、私たちは自由に情報を受け取り、発信もできるようになりました。それで、私たちは幸せになったでしょうか。

　現代を生きる我々日本人は、民主主義こそが最高の社会システムだと信じているのでしょうが、国民の一人ひとりが自分で判断し、政治参画する民主主義には、重要な前提があります。

それは、ありのままの情報が手に入ること。そして、自分自身でその情報を理解し、判断できること。

　実は、これが簡単なことではないのです。

　人類は世界大戦を二度も経験しましたが、そこでの情報戦は凄まじかった（モレリ 2015）。

　その悪影響は、第二次大戦後79年を経た今でも政治問題として尾を引いています。国同士で憎み合い、貶め合っているのは、東アジアの一角だけの話じゃない（そのことを知らないのは日本人だけかもしれないけど）。

　現在の我々は、清水ではなく濁流のような情報洪水のなかに溺れていると言っても過言ではありません。

　メディアはありのままの情報を伝えない。彼らの伝えたいことを伝えてくる。

　情報をわかりやすく解説してくれているはずの評論家やコメンテーターも、自分の価値観で情報に色づけする。バラエティのゲストたちの発言の多くは無責任。

　まったくもってお節介な話です。

　それを意図を持ってやるんだから、聞かされる方はたまったもんではない。

　とても、まともな民主主義など実現できようはずがない。

　政治がらみだけじゃない。

　「今年の流行色は赤です」って、アパレル産業のどっかのメーカーが勝手に決めちゃうわけ？

　「このサプリで美肌になる」とか、「関節痛はこれで治る」とか、「飲むだけでフサフサです」とか。

　昔の人には無縁だった情報に、悩まされている人が多くないでしょうか。

　今を生きる私たちにとって、これからの未来を生きていく人にとって、自分で直接体験した一次情報以外のすべての二次情報には、意図的か否かはわからないが、必ずバイアスがかかっていることを認識することは重要でしょう。

　動機もないのに情報を発信する人はいない。

　自分自身で、「真実はこのあたりにあるのかな」と、手にした情報の分

析と統合判断ができることは必須です。そうしないと、知らないうちに誰かの手のひらの上で踊らされることになる。

「そんなことは、昔から言われてきた」
「テレビだってヤラセがある」
「新聞も間違ったことを書いていることがある」
「教科書だって怪しい」

そう言うわりに、それでもそれらを信じちゃうのが日本人ではないでしょうか。

それは、どうすれば自分の頭で判断できるかを誰も教えてくれなかったし、自分で考えようとしてこなかったからです。

私たちは、このことに大学の授業として取り組んでいます。

その理由は終章に示しました。

さらに、高校生ともこの学びの実践をやってみました。

その結果、彼らの情報の見方は劇的に変わりました。受動的であったこれまでの学びの姿勢も能動的・探究的に変化しました。

効果は抜群でした（偏差値は信じても、日本の大学教育を信じている高校の先生も企業の採用人事担当者もほとんどいませんが、これは本当です）。

21世紀の今、まもなくSociety 5.0に突入するというこの時、いかに情報（知識）を分析するのかが求められています。

その方法が、この「国際情報分析」です。

結果として、文部科学省が推進する「探究学習」の実践例として極めて有効な方法であり、研究者のための研究方法ではなく、実社会に生きるうえで大変有益な探究方法です。

本書は『インフォメーション・アナリシス 5&5 ——世界が変わる学びの革命』（關谷編 2021）を大幅に加筆修正し、専門書という位置づけで出版するものです。

第1章は、ノートルダム女学院中学高等学校の高校2年生を大学へ招き、初めて国際情報分析の合宿、すなわち「知の探究合宿」を実施した時の様子をビビッドに綴っています。

第2章は、昨今の国際的・社会的背景を踏まえたうえで、国際情報分析の必要性について論じます。

　第3章は、情報が伝わるプロセスを紐解くことで、「情報」の特性をあらためて捉え直します。

　第4章は、国際情報分析の理論的背景と実践方法という、本書の核心を成す内容について詳説します。

　第5章は、実際の授業例を提示しながら、大学における完全反転学習形式の国際情報分析について解説します。

　第6章は、国際情報分析の特徴の一つである多重評価によって学習者の理解促進を図る仕組みを紹介します。

　第7章は、高校生を対象とした集中演習形式の国際情報分析について、実施上の重要ポイントと共に、実践を踏まえた具体的なガイドラインを提示します。また、過去に実施した国際情報分析の実践事例についても紹介します。

　第8章は、国際情報分析の学習効果の検証に関する研究成果について報告しています。昨今の学習指導要領の改訂に伴う高校での「総合的な探究の時間」の導入を受け、それとの比較研究という形式で、国際情報分析の有効性を検討します。

　そして最後に、終章では、これまでのすべての章内容を踏まえ、来るべき知識基盤社会における学習ツールとしての国際情報分析の価値について論じることで、本書の結びとします。

　ぜひ、実践してみてくださることを願っています。

〈参考文献一覧〉

關谷武司編，2021，『インフォメーション・アナリシス 5&5 ——世界が変わる学びの革命』関西学院大学出版会．

モレリ，アンヌ，2015，『戦争プロパガンダ10の法則』永田千奈訳，草思社．

序章
真の高大連携教育から見えてきたもの[1]

学校法人ノートルダム女学院
学院長　栗 本 嘉 子

「国際情報分析」合宿でのある風景

　寝食を忘れたかのように没頭して話し合う声が夜の廊下に響く。それぞれの課題を探究しているグループの、それぞれのメンバーたちから疲れを知らない声が弾んでいる。「20億円もかけて作ったミサイルの究極の目的は一体何だったのかな？　私、わからなくなってきた……」「ロシアとアメリカがどう動いた？」「アラブの春からシリア内戦へ発展していくんやけど、いろんな国の利害関係がもっと知りたい、すごく絡んでいるはず！」「そうそう！」「慰安婦の問題は、日韓両国だけでなく、世界の視点から捉えてみる方がよくない？」「つながってきた、つながってきた！　これで読めてきた、このフレーズの本当の意味！」「『世界からテロがなくなるのはいつのことか』って、このタイトルちょっと漠然すぎるかな？」などなど、本校の高校生である彼女たちの普段の言語活動からみれば、かなり非日常な言葉の数々が、徐々に実のあるコンテンツへと変容し、夜の宿舎がだんだん熱くなっていく。各グループを担当している関西学院大学の女子学生たちともそれぞれにすっかり打ち解けて、タブレットの画面を真剣な表情で見つめながら、積み上げられた書籍を前に、真剣にディスカッションを続けている。それぞれのグループに与えられている壁ぎわのホワイトボードがだんだん文字や図で埋め尽くされていく。国際学部の關谷武司先生が、門下生たちと共に、ノートルダム女学院高等学校の２年生に行って

---

[1]　本稿は『インフォメーション・アナリシス 5&5 ——世界が変わる学びの革命』（關谷編 2021）における「はじめに——真の高大連携教育から見えてきたもの」（2021年執筆）を、本書に合わせて一部修正したものである。

くださる、「国際情報分析」合宿の一コマの風景である。第1章では、その記念すべき初回の合宿の詳細が述べられているので参照されたい。

　この夜の話し合いは、実は翌日の午前中に発表するプレゼンテーションの準備なのだ。

　日頃聞いて知ってはいるが、深くは知らない国際的なトピックスを前に、高校生たちにとっては難解に見えるこれらの課題への取り組みは、まず、適切な情報収集の方法を学ぶところから出発する。一つの着眼点に基づいてアイデアを持ち寄って思考し、ディスカッションしながら論点をまとめ、それを言語化しながらグループメンバーの一員として懸命に協働する。切迫した時間との戦いでもあり、自分の知識量とそれを基礎にする思考の深さの限界に直面し、混乱し、それでも励まされ、頑張ってゴールを目指す。

　今、私が描いているこの光景、その時間は23時を少し回ったところ。翌朝のプレゼンテーションまでのラストスパート。

　彼女たちのこの輝きはどこから来るのだろう。実に不思議だ。何が彼女たちを駆り立てているのか。受け身でいる生徒はただの一人もいない。それぞれが役割と責任を持ちながら自分たちの選んだトピックをみなで思考し、自分の考えを構築し、そして発信するという使命を帯びていることを彼女たちは知っている。始まったばかりの午前中、グループを担当する關谷先生の門下生である女子学生たちを遠慮がちに眺めながら、おずおずとしていた彼女たちであったが、多くの文献を抱え図書館から戻ったあたりから一人ひとりが確実に変容し始めた。オーナーシップを持ち始めたのである。今や、目の前の学生に大いなる信頼と親しみ、そして淡い憧れを抱きつつ。

　關谷先生とその門下生である学生たちは、実に忍耐強く生徒たちをサポートされる。夜中になるまで物理的にそばにいて温かい励ましの言葉をかけ、書物のページを共に繰り、パソコン画面を一緒に覗き、彼女たちの思考の空間を同伴される。彼女たちの言葉かけは、「〜やってみようか」「これはどうかな」「本当にそう言えるかな」など、決して断言せず、教えず、生徒の主体性を常に促しながら、それでも必要ならばそっと軌道修正しながら導いていく。

そのゆとり、そして心優しい沈着さに目を見張る。かなり高度な教師力が、この学生たちにはすでに備わっている。

　關谷先生の哲学、それは、正解を知っている人が、知らない人にその正解をわかりやすく伝授するサービスの方法ではなく、さまざまなことが起こる現実の世界のなかで、我々を真に生かす「真理」がどこにあるのか、どの道を通ってそこに行き着けるのか、みなでそれを探究するために「一緒に行こう」と行先を指し示す方法である。先生の門下生たちもみな、その哲学の流れを汲む人々であった。自分たちの周りにあふれる情報に翻弄されそうな生徒たちが、決してそれに溺れることなく、いかにその情報の渦のなかを懸命に歩みながら、自らの「知」の領域を拡げていくか、それに同伴してくださった。

　そのプロセスのなかで、一人ひとりの生徒たちはやがて、「真理」の鉱脈を掘り当てる。17歳の高校生たちは、こうして關谷先生と、その門下生たちに伴走されながら、すべての学びをまるごと「自分ごと」にしていった時、自ら変容を始めたのである。誠に私は確信した。すなわち、この先生は、今世紀を生き抜く学習者のための、真の教育環境のクリエイターだと。この環境で学ぶ学習者たちは、ある沸点に達したその時に、「知への憧れ」を強く持ち、もっと先へ進みたい、もっと深く掘り下げたいという、純粋な学びへの思いに駆られる。そしていつしか、自分の課題に対して、オーナーシップを持って独自の世界を構築していくことができるのである。これこそが、この世紀を彼女たちが創造的に生き抜くための、「主体的な学び」の具体的な展開そのものであると私は確信している。

關谷先生との出会い

　この「国際情報分析」合宿は、2017年を皮切りに、今にいたるまで毎年実施している。関西学院大学高大接続センターには、使用する教室や宿泊棟の関連で、最初の3年間はお世話になったが、4年目からは何とか京都の本校でやれないだろうかと考え始めていた。前述したように、この学習展開が、本校の生徒たちに身につけさせたい思考力を育てる非常に有効な方法論であるという確信のもと、さらに持続可能なやり方を構築しなけ

ればならない、という思いからであった。可能な限り、本校が所属している大学法人の京都ノートルダム女子大学とも、この教育活動を軸として協働的に動けないだろうかと思い巡らしていた。そして、それは、国際情報分析の手法を使った若者たちの主体的学びを全国展開することが可能かという關谷先生の思いといみじくも一致していた。幸いとしか言いようがない。そこで、2020 年度から、意を決して京都の本校で行うことになったのである。時は、折しも新型コロナウイルスによる世界的パンデミックのさなかであり、寝食を共にする合宿形式は断念せざるを得なかったが、關谷先生とその門下生たちには京都の本校にお越しいただき、二日間何とかやり遂げることができた。

　実は、關谷先生と私の出会いは、遡ること 5 年前になる。2016 年[2]――その年は、念願だったグローバル英語コース開設の初年度であった。ミッション・スクールに相応しいグローバル・マインドと高度な英語力を身につけた生徒を育成するというディプロマポリシーのもと、準備までのあいだにアメリカに点在する本校の姉妹校のみならず、カトリックの修道会が母体の社会活動組織があるフィリピン、多文化共生の国であるカナダにも足を延ばし、連携プログラムの構築に奔走していたところ、視察先のカナダの公立高校の廊下で、この言葉に出会った。

　"Be the change that you wish to see in the world."
　マハトマ・ガンジーの言葉であった。これを、本コース第一期生に配布するパンフレットのトップページに置いた。カトリック学校だから聖書の言葉が相応しいというこだわりは無用だった。良き心でつながる価値観は世界のいたる所に見つかるものである。私はこの年、心躍らせながらあらゆるところで本コースの価値観を共有する同志、すなわち学校や大学、NGO、会社、店舗等々、国内外問わずあらゆる場所にアンテナを巡らせながら、本校と連携できるプログラムの構築に注力していた、そんな時であった。関西学院大学が主催された高大接続フォーラムに、当時のグローバル英語コース長であった中村（第 1 章執筆者）と共に参加した私に、關

---

[2] 本稿は 2021 年に執筆したものであるため、その 5 年前は 2016 年となる。

谷先生と運命的な出会いが待っていたのである。

フォーラムのタイトルは「大学と高校の対話がはじまる」であった。万難を排して参加したいと願っていた私は、そこで、当時学長補佐であられた關谷先生から、大学実践事例として「実践型グローバル人材教育論──国際ボランティア活動を目指す学生指導経験から」という演題の講演を拝聴した。私は直ちに、あゝ、この先生こそが本校に関わってほしい方だと直感的に感じた。そしておずおずと、でも確信を持って名刺交換をさせていただいた時のことを昨日のことのように憶えている。そこからすべてが始まった。

その夏は、先生を本校にお招きし、全教職員に向けてグローバル人材育成の研修を実施した。そして、次の年には、第1回の「国際情報分析」合宿が本校2年生グローバル英語コースの生徒を対象に開始された。生徒たちのみならず、多数の教員も生徒に同伴しながら多くを学んだ。プログラムは毎回綿密な計画と実施後のリフレクションを行いながら、次年度に向けてより良いものを目指した。時を重ねるごとに關谷先生は、本校の生徒も自分の学生であるかのように接してくださり、また本校教職員とも心から親しく交わってくださった。そして私自身も、関西学院大学の学生たちがまるで卒業生のように愛おしく感じるようになっていった。

高大連携教育のあるべき姿

現在、中央教育審議会が進めている高大接続改革、それに伴う高大連携教育、その従来の目的は、入試改革を進め、学力の三要素を見直し、高校生の学習意欲を高め、その学力の向上を目指しながら、彼らが大学レベルの教育研究に触れることのできるプログラムの構築を促進することである。大学側も、そのように高校側と触れ合うことで、広報バリューが高まる。良いこと尽くめのように聞こえるが、高大連携教育に関しては、実際のオペレーションとなると各高校や大学に任せられているために、現状は各大学附属高校ですら、その大学とのつながりは非常に希薄なところが多い。単発のイベントは開催できても、中身の充実した持続的な教育プログラムを構築することが困難であったり、大学と高校の教員間の情報伝達が

困難であったりするようだ。

　その現況を見ながら、今、ここに私が心から言い切ることができること、それは、関西学院大学の關谷先生とノートルダム女学院の私たちほど、その高大連携プログラムが成功しているところは、おそらく日本全国で見つけることはできないということである。なぜならば、ここでの「成功」は、高校側の一方的な恩恵や、大学側の広報バリューなどをはるかに突き抜けているからだ。一言で言うならば、「連携」の下支えに、両者に共通した「志(こころざし)」があるか否かだ。どういう人間に育ってほしいのかという「志」が両者間に存在しているか否か、その「志」が有機的な連環のなかで持続して育っているか否かが、成功の鍵を握っていると言っても過言ではない。

　この「国際情報分析」合宿のプログラムのみならず、2019年秋には、両者間において、また新たな取り組みが行われた。關谷ゼミの学生8名が、朝8時から18時まで、本校をまるごと一日体験する。授業開始からお昼休み、そして放課後のクラブ活動にいたるまで本校の生徒目線まで降りてすべてを体験する。これは単に大学生による高校スクールライフ体験会ではない。目的は「学校評価」であり、手法は關谷先生の専門である「教育開発」、その視点で学校を分析する。この観点を伝授されている学生たちは、その後ひと月かけて、他の高校との比較研究も含めながら「授業分析」を中心に評価を試みるのである。これは、我々高校から見れば、普段の交わりとは異なるグループからの新鮮な視点でもって、本校を捉え直すという新たな価値の創出でもあった。ただ、学生たちのプレゼンテーションを聴く私たちにとっては、確かに耳に心地よいことばかりではなかったが、視点の転換による新たな気づきが多く与えられた次第である。高大連携教育の真実の恩恵はここでも豊かに確認できたのである。

　關谷先生と本校のつながりは、ここ5年のあいだ、進化の一途をたどることになるが、ある時に気づいた。このように、生徒たちに対する恩恵の享受のみならず、私たち教職員に対しても、いろいろなポジティブな気づきを与えられるこの關谷先生とその門下生との関わり、私はこれについて、關谷先生に対して言葉にできない感謝の意をどうして表せばよいだろうかと。そして、心苦しいままに、毎度感謝の言葉を述べるわけであるが、あ

る時に先生は次のように言われた。

「いや、我々にとっても言葉にし難い幸福です。国際情報分析や学校評価の過程で、学生は目を見張るほど成長し、僕も本当に多くを学ぶ。これは四者間 win-win の関係性ですよ」と。

なるほど、四者間、つまり、高校側生徒＆教員と大学側学生＆教員の win-win の関係性。

それを聞いて、あゝ、これこそが、かつて関西学院大学のフォーラムで私が参加した「大学と高校の対話がはじまる」の真の意味であると感じた。大学と高校の対話は、実はこんなにも深くて温かい、また悩んでも楽しい、教育への熱いパッションの交流だったのだと、5年の月日の経過を感じつつ、私は感慨深く思ったのである。

「自分ごと」になった時、「主体性」ははじまる

世界の大海原に漕ぎ出す時、その道標となるのは、神につくられた人間の、古今東西において醸成されてきた知恵の集積、そしてそれを礎に、深くて清らかな水脈を求めて探究し続けようとする逞しい心である。その心さえ失わなければ、IT 化と AI の進化がどれほど進んだとしても、私たちは神からいただいた心と頭脳を持ち合わせた人間として、決して自らを見失うことなく時代を歩み続けることができるだろう。確かに、Society 5.0 がほしい能力、すなわち、技術の革新や価値の創造の源となる「飛躍知」を発見したり創造したり、その成果を社会課題につなげたりする力は素晴らしい。しかし、私たちが教育者として最も願っていること、それは、学習者たちがこの地球上のあらゆる被造物にとっての真の平和への希求心を持つこと、そして人とそれらがどうつながっていけるかということに対する関心を抱き続けること、そのための情報分析力、そのためのコミュニケーション力、コラボレーション力、そして創造性を、生涯において自ら育て続ける力を持つことである。最も大切なことは、Society 5.0 の時代にありながら、自分だけでなく他者の幸福を願い、それを実現できる人、他者の幸福とは何か、そのことに真剣に向き合うことができる人、そのような人を私たちは育てたい。――關谷先生と私は、出会ったその時からこの

ようなことをしばしば熱く語り合っていた。先生は、常に私に、先生の門下生である現役学生のみならず、その哲学を持って卒業していった若者たちが、しなやかにまた創造的に勇敢に、社会のなかで活躍する姿を見せてくださった。なかには本校の卒業生もいた。教育における夢は、移ろうことのない本物のパッションによって実現する。そのことを、教育者である私自身も信じ続けるエネルギーをいただけるように感じた。

この度、この書籍が、このようにすべての方々に手に取っていただける形で刊行されることになり、先生に次いで喜んでいるのは私かもしれない。なぜならば、この書籍を紐解いていただく高校生、大学生、教育者であるすべての方々が、本校の生徒たちが経験した同じ楽しさを味わうことがおできになることを確信しているからである。その生徒たちの変容ぶりを目の当たりにして喜ばない教育者は存在しない。そして、その高校生たちを導いて同伴する学生たちの頼もしい姿、悩める姿を見て、誇りに思わない教育者もいないと断言できるからである。

2016年初めて關谷先生に出会った時の私は、まさか自分がその5年後、先生のご著書の「はじめに[3]」の言葉を著すことになろうとは夢にも思わなかった。しかしながら、いかに大それたことであってもそれをお引き受けしたのは、実際にそれから毎年行ってきたこのプログラムを含む、我々の高大連携教育のつながりの真価とその教育的価値を、私が確信しているからである。参加した高校生が、そして同伴する大学生たちが、お互いに向き合った課題に「自分ごと」として奮闘努力し、しかも仲間と共に苦しみ、そのプロセスで変容し、探究に要求されるリアルな「主体性」をまるごと身につけることを目の当たりにしたからである。目の前の課題を「自分ごと」とする責任感や大変さ、楽しさ、おもしろさ、そして創造性を知った彼女たちは、おそらくは自らの「人生」をも、そのような姿勢で歩み始めるに違いない。その意味で、この「国際情報分析」合宿は、自分の人生を「自分ごと」として創造的に生きることの楽しさを知るための、本物の「知」のプログラムであると言っても過言ではない。私はそう信じている。

---

3 ここでの「はじめに」は、本書の「序章」に相当する。

目　次

主編者の第一声 ——————————————— 關谷武司 …… 1

序章　真の高大連携教育から見えてきたもの ——— 栗本嘉子 …… 7

第 1 章　「知の探究合宿」実践体験談 ——————— 中村良平 … 21
　1　二日間のストーリー …………………………………………… 22
　2　中学・高校の教員として、「知の探究合宿」にかける思い ………… 37

第 2 章　なぜ、今「情報分析力」が求められるのか
　　　　———————————————— 関谷祐史・坂本萌歌 … 39
　1　メディアを信頼する日本人とその背景 ………………………… 39
　2　ハイコンテクストな日本社会とコミュニケーション ………… 40
　3　今こそ情報分析力を身につけるべき理由 ……………………… 44

第 3 章　情報伝達のプロセスと情報が歪む可能性
　　　　———————————————— 松下明日香・亀崎綾乃 … 47
　1　事象が情報として伝わるまでのプロセス ……………………… 47
　　（1）情報の取得段階で生じる歪み　48
　　（2）情報の処理段階で生じる歪み　50
　　（3）情報の伝達段階で生じる歪み　53
　　（4）全段階において生じる情報の歪み　55
　2　信頼できる情報とは何か ………………………………………… 55
　　（1）権威 ≠ 信頼　55

(2) 国際機関と開発途上国の教育統計データ　55
　　　(3) 信頼できる情報とは　58

第4章　国際情報分析の理論的背景と実践方法
　　　　　　　　　　　　　　　　　　———— 關谷武司・吉田夏帆 … **61**

　1　情報のからくりと真実に迫る探究プロセス ………………………… 61
　　　(1) 情報のからくり　61
　　　(2) 探究の始まり　62
　　　(3) 似て非なるもの——国際情報分析による探究学習　66
　2　国際情報分析の実践方法 ……………………………………………… 66
　　　(1) 国際情報分析の目的　66
　　　(2) 国際情報分析の5ステージ　68
　　　(3) 国際情報分析の5アクション　70
　　　(4) 国際情報分析のプレゼンテーション　72

第5章　反転学習を軸とした大学における実践——江嵜那留穂 … **77**

　1　授業の全体的な流れ …………………………………………………… 77
　　　(1) 導入と情報分析方法の説明　77
　　　(2) 第1ラウンドおよび第2ラウンド　78
　　　(3) 第3ラウンド　79
　2　第1ラウンドおよび第2ラウンド：特定課題分析・自由課題分析 …… 80
　　　(1) 事前準備　80
　　　(2) 授業外における探究活動　80
　　　(3) 授業内における探究活動　81
　3　第3ラウンド：情報発信体験 ………………………………………… 85
　　　(1) 初めての情報操作　85
　　　(2) インタビュー調査　86
　　　(3) 本気で取り組む受講生たち　87
　4　授業履修後の受講生によるリアルな声 ……………………………… 88

第6章　学習者参加型の評価方法を用いた理解促進の仕組み
　―――――――――――――――――辻　彩・芦田明美 … 93

　1　多重評価 …………………………………………………………… 93
　　（1）視聴者によるプレゼンテーションの評価　94
　　（2）分析グループ内の相互評価　94
　　（3）指導者による上記①と②の個人評価についてのメタ評価　98
　　（4）上記①と②を組み合わせたプレゼンテーションの個人評価　98
　2　評価のタイミングと留意点 ……………………………………… 100
　　（1）視聴者によるプレゼンテーションの評価　100
　　（2）分析グループ内の相互評価　100
　　（3）指導者による上記①と②の個人評価についてのメタ評価　101
　　（4）上記①と②を組み合わせたプレゼンテーションの個人評価　102
　　（5）第3ラウンドにおける評価　102

第7章　高等学校における集中演習形式での実践ガイドラインおよび実践事例
　―――――――樋口祥子・中村静香 … 105

　1　実践ガイドライン――事前準備と実施体制 …………………… 105
　　（1）実施者の役割　105
　　（2）実施施設　108
　　（3）学習環境　108
　　（4）配布資料および必要な物品　109
　2　実践にあたってキーとなるポイント …………………………… 111
　　（1）テーマ設定　111
　　（2）象徴的なニュース記事　113
　　（3）学習者をやる気にさせる導入の講義　113
　　（4）学習者の主体性を促す工夫　118
　3　高校生向け集中演習形式の実践例 ……………………………… 122
　　（1）ステージ1：「課題の全体像の把握」　123
　　（2）ステージ2：キーとなる情報の選択　124
　　（3）ステージ3：個別の情報の収集と分析　126
　　（4）ステージ4：個別の結果の統合　132

(5) ステージ5：最終判断に向けての考察　132
　　　(6) 最終成果発表と今後の学びに向けて　133

第8章　高等学校における「総合的な探究の時間」に向けた有効性の検討——国際情報分析の応用実践の可能性——　吉田夏帆 …137

1　はじめに ……………………………………………………………… 137
　　　(1) 高校における「総合的な探究の時間」導入の背景　137
　　　(2) 「総合的な探究の時間」実施にあたっての課題　138
　　　(3) 本研究の目的——「総合的な探究の時間」に向けての応用実践の可能性　139
2　研究方法 ……………………………………………………………… 140
　　　(1) 仮説の設定　140
　　　(2) 研究の手順　140
3　仮説1に関する分析結果 …………………………………………… 141
　　　(1) 総合的な探究の時間の目標の整理　141
　　　(2) 国際情報分析の実践方針——総合的な探究の時間の目標との比較から　144
　　　(3) 国際情報分析の実践方針——総合的な探究の時間の実施における
　　　　　　　　　　　　　　　　　課題との比較から　149
　　　(4) 仮説1の検証　150
4　仮説2に関する分析結果 …………………………………………… 151
　　　(1) 総合的な探究の時間で育成すべき資質・能力の整理　151
　　　(2) 調査方法　152
　　　(3) 分析結果　152
　　　(4) 仮説2の検証　161
　　　(5) 補論：教育関係者による客観的評価　162
5　おわりに ……………………………………………………………… 163

終章　知識基盤社会における国際情報分析の価値 ─── 關谷武司 …167
　1　ついにきた「知の革命」………………………………………………167
　　　(1)　知識崇拝主義の終焉　167
　　　(2)　グローバル化　168
　　　(3)　インターネットの威力　169
　　　(4)　知識基盤社会　171
　　　(5)　キー・コンピテンシー　172
　　　(6)　Education 2030　173
　　　(7)　日本では Society 5.0　173
　　　(8)　言語の壁が消失する!?　174
　2　教育再考 ……………………………………………………………175
　　　(1)　何を勉強しろというのか　175
　　　(2)　大学教育を考えるもう一つ重要な視点　176
　　　(3)　求められるのは具体的な提言　177
　　　(4)　どういう教育方法が必要なのか　178
　　　(5)　本質的でシステマティック　180
　3　最後に、もう一度、「いかなる教育」が必要なのか ………………181

おわりに代えて──主編者の嘆き ─────────── 關谷武司 …183

執筆者略歴 ──────────────────────────── 186

第1章

「知の探究合宿」実践体験談[1]

中村 良平

　「これこそ、今の高校生に絶対不可欠な学びだ」
　日本で、いや世界で初めて、高校生が「知の探究合宿」にて情報分析に取り組んだ時、その現場に最初から最後まで身を置いていた私は、心の底からそう思った。「情報社会」を超えてSociety 5.0が到来すると言われているなか、21世紀の学びが前世紀のそれと何も変わらないなんて、良いわけがない。そういう問題意識を持ちながら教壇に立つ人々が（少なくとも私の周りには）たくさんいる。そして、多忙を極める日々のなかで、常により良い教育を追い求めて、挑戦を繰り返している。そのような教育現場にいると、「完成形」と呼べるものよりもむしろ、教員の熱い想いにはあふれているが、まだまだ試行錯誤の段階のものに出会うことが多い。そんななか、この「知の探究合宿」は、「高校生に短期間で」という部分こそ「新しい挑戦」であるが、その導入から評価までのすべての工程が完成されており、そこに込められた熱い想いはもちろんのこと、極めて洗練されたプログラムになっている。初めて取り組んだ4年前から[2]、このプログラムを実施する度に毎年そう感じている。
　私たちが初めて高校生向け「知の探究合宿」を実施したのは、2017年9月のことである。それ以降、ノートルダム女学院高等学校グローバル英語

---

[1] 本稿は『インフォメーション・アナリシス 5&5——世界が変わる学びの革命』（關谷編 2021）における「第1章 Information Analysis 実践体験談」を（2021年執筆）、本書に合わせて一部修正したものである。

[2] 本稿は、2021年に執筆したものであるため、その4年前は2017年となる。

コースの 2 年生を対象に毎年開催し、これまでに 4 回実施してきた。本章では、高校生向け「国際情報分析」のプログラムがどのようなものであって、このプログラムを通して、高校生たちがどのように変容したかを語っていきたい。また、大学生になる前の段階で「国際情報分析」を学ぶことの意義についてもお話ししていきたい。

1　二日間のストーリー

　高校生向け「国際情報分析」は、これまでのところ、土曜・日曜の二日間、合宿形式で行っている（ただし、2020 年度は、新型コロナウイルスの影響で、宿泊をしないで二日間の通いのプログラムとして実施した）。この二日間に何が行われ、生徒たちがどう変化していくのかを、2017 年度の実践を例に読者のみなさんと眺めていきたい。

　2017 年 9 月 16 日、朝。生徒たちは 9 時に関西学院大学正門前に集合することになっている。ノートルダム女学院高等学校グローバル英語コースの 2 年生は、この合宿のために京都、大阪、そして、なかには遠く滋賀から 2 時間ほどかけてやってくる。到着した生徒たちは、関西学院大学のシンボル的建造物である時計台を目の前にして、はやる気持ちを押さえつつ、全員の集合を待っていた。

　この合宿のテーマは「国際情報分析」。そして、ご指導いただくのは、国際学部の關谷武司先生をはじめとする先生方とゼミ学生さん。参加する生徒たちは、当日を迎えるまで、実はこれくらいの情報しか持っていない。つまり予習不要。むしろ「予習したくても、予習しようがない」というのが正しい。

　遅刻や欠席もなく、21 人全員の集合を確認すると、迎えに来てくれた 4 人の大学生に連れられて、会場となる G 号館へと移動する。2017 年度はあいにくの雨模様のなかであったが、雨の上ケ原キャンパスも美しく、関西学院大学ならではの光景に、なお一層心が躍る。さあ、いよいよ「知の

3　ここでは、2021 年時点のことを指す。

表 1-1 「知の探究合宿」のスケジュール

一日目午前	①導入
	②課題のテーマ決め
	③課題の概略調査
一日目午後	④文献収集
	⑤情報の分析
	⑥結論を出す
	⑦プレゼンテーション作成
二日目午前	⑧最終成果発表

探究合宿」、二日間の始まりである。

　この高校生プログラムは大まかにいうと表 1-1 のようなスケジュール構成になっている（本章のなかにある【①導入】のような【 】で囲まれた表記は、表 1-1 の①‒⑧の段階を表す）。このあと第 4 章を中心に詳しく説明されるが、ここでは「国際情報分析」の大きな流れをつかんでいただけるよう、概要をお話ししたい。

　【①導入】では、「国際情報分析」とは何であり、それがなぜ私たちに必要なのかといったことを受講生徒と共有し、参加者全員の目線を合わせる。

　この合宿が目指すところは「単に知識を受け身的に学ぶのではなく、自らが主体となって知識を分析・評価し、最終的には自分自身の考えを論理的に構築していくこと」にある。「無条件に覚えるという勉強は、高校卒業時点でほぼ終わる。大学に入ると、いわゆる最先端の、もしかしたらまだ立証されていないことを習う」。この合宿では「大学という学問の府における学び方」を学ぶのである（「 」で囲っているのは、当時のビデオ映像をもとに、關谷先生のお話を引用している）。このような講話を聴き、生徒たちはこの二日間、より高い次元の学びに取り組むのだという意識に切り替わっていく。

　この本を手に取った方は、教科書や書籍に書かれていること、メディアで伝えられていることをそのまま信じ込んではいけない、そんなことは当然だ、と思っていらっしゃることだろう。しかし、多くの中高生は、それとは逆の世界、つまり、与えられた情報は正しいのだという前提のなかで

生きている。だからこそ、テストのために教科書に書かれていることを必死に覚えるし、「調べ学習」をするとなれば、インターネットや書籍の情報に目を通し、それらを理解したら、その理解した内容をスライドやポスターにまとめてプレゼンテーションしたりするのである。「この情報は本当だろうか？」という視点を持つことが必要だとは理解していても、それを実践する機会は極めて少ない。だが、現実に世界で流れる情報に目を向ければ、それらを鵜呑みにすることがいかに危険なことであるかを、この【①導入】では実例をもって知ることになる。

《参加生徒たちの感想①》
- テレビ、新聞などのニュースを疑ってかかるといったことが今までなかったので、新たな視点を持つことができました。情報をすぐに鵜呑みにするのではなく、その情報をさまざまな視点から見て、背景を自分で調べ考えることが「情報分析」ということだとわかりました。
- 今回の研修にあたり、どのような視点を持って学ぶのが良いかという目標・目的を示すと同時に、私たち（生徒・若者）に伝わりやすい、興味を持つような言葉で語ってくださるのが、特に良いと思いました。
- 大学へ行く前は、講義で寝てしまうかもしれないという心配があった。しかし、教授の話が予想以上におもしろく、時間が過ぎるのもとても速かった。授業へのモチベーションが上がった。

導入の講義

続いて、【②課題のテーマ決め】では、あらかじめ用意された複数のテーマが生徒たちに提示され、生徒たちの希望によって、どのグループがどのテーマに取り組むのかを決定する。当然、複数のグループが同じテーマを希望してしまうこともある。生徒たちの希望が重なった場合にはじゃんけんで決めている。テーマの割り当てが決まると、テーマごとに担当の大学生（サブモデレーター）が決まっているので、どのグループがこの二日間をどの大学生と共に過ごすのかが自ずと決まる。「はじめまして。よろしくお願いします」と挨拶を終えると、早速、テーマについての下調べが始まる。2017年度は、21人の生徒が四つのグループに分かれ、「従軍慰安婦」「北朝鮮」「テロ」「北方領土」といったテーマに取り組んだ。

　ここでどのようなテーマ・問いを生徒たちに提示するかが、全体の成否を決める鍵を握る。聞いたことはあるけど、詳しくはわからない。多くの研究や主張がなされているが、未だ世界共通の決着がついていない。しかも、大きすぎるテーマではなく、たった二日間で高校生が全体像を理解して議論を深めることができる程度の、ほどよい規模のテーマ設定であることが必要だ。毎年、關谷先生や大学生らがテーマとなる問いを提示してくださっているが、このテーマ設定にどれだけ苦心されているかは想像に難くない。

　テーマとなっている語を見ると、それまでに一度も耳にしたことがないという生徒はいない。たとえば「択捉島、国後島、色丹島、歯舞群島を合わせて、何と呼ばれるか、答えなさい」という問いが、地理のテストにでも出題されたら、ほぼ全員正解だろう。しかし、「そこではどういう国際問題が生じているか？」「関係する国々の主張・見解はどのようなものか？」「そもそも、関係する国とはどこか？」と問われて答えられる生徒がどれだけいるだろうか（あるいは、答えられる大人がどれだけいるだろうか）。

　もしかすると「社会が得意な生徒の方が有利なのではないか？」「事前に知識があるかないかで、生徒の活動に差ができるのではないか？」と思われる方もいるかもしれない。しかし、この4年間実施してきて、このような心配が実際に問題となったことはない。この高校生向け「国際情報分析」のプログラムでは、事前に参加生徒に詳しい知識があってもなくても、

取り組むうえで特に大きな支障が生じないように設計されている。まずは【③課題の概略調査】の段階で、インターネット検索とグループ内でのディスカッションを通して、テーマとして与えられた問いを大まかに理解していき、さらに次の【④文献収集】【⑤情報の分析】へと進んでいくと、生徒間の知識差は完全に解消する。

　各グループがテーマを確認すると、「○○って知ってる？」と大学生が問い、高校生が「聞いたことはある」などと口々に答える、というのが恒例の始まりだ。まずは、参加する全員がテーマについてある程度の知識を仕入れないと何も始まらないので、インターネット検索を中心に情報収集を進める。そして、単に表層的に情報を集めるだけではなく、たとえば「どの人・国から見てメリット・デメリットなのか、全部の国の視点から調べないといけない」「（その問題の）歴史についても調べていかないといけない」というように、情報を深掘りするよう、大学生が高校生を導く（「　」は大学生が実際に高校生にかけていた言葉を引用した）。生徒たちはみな、大学生のアドバイスを受けて、自身の知識レベルを上げていく。

　【③課題の概略調査】が終わると、ランチの時間となる。関西学院大学の食堂で、高校とは違うカフェテリア形式の食堂に戸惑いながら、同伴してくださっている大学生たちと共に、昼休みを兼ねた食事の時間を取った。それまで社会的なテーマを前に真剣になっていた顔に笑顔がこぼれる。高校生たちは、もしかすると大学生のプライベートにも興味津々だったのかもしれない。

　一日目の午後は、関西学院大学図書館に活動の場所を移し、【④文献収集】の段階に入る。高校にある「図書室」とはスケールの異なる「大学図書館」に足を踏み入れ、生徒たちの本気度はなお一層高まる。13時から17時までの4時間、3階にある「グループ閲覧室」と書架のあるフロアとを行き来しながら、テーマに関係する大量の本を、グループのメンバーと手分けしながら読み漁り、ディスカッションを重ねる。生徒たちは調べたこと、わかったこと、議論したことをホワイトボードやレポート用紙にメモを取っていくが、そのメモ書きがどんどんと増えていくのがこの時間帯だ。4時間ずっと本を貪り、数多くの書籍にあたって情報を集め、「ああ

インターネットにて情報収集

キーとなる情報を考える

大学生から高校生への問いかけ

サブモデレーターへの指導

でもない、こうでもない」「こっちにはこう書いてある、けど、あっちには違うことが書いてあった」などと、議論を白熱させる。このあたりから、普通の高校生があまり体験しない、何とも言えない熱気を帯びてくる。ある時、關谷先生がこの様子を「みな、脳味噌に汗をかいている」と表現されたのだが、毎年この時間帯の生徒の姿を見る度に、この比喩がぴったりだと感じる。

　この日、図書館を後にする直前、關谷先生は生徒たちを集めて、こう語りかけた。「『自分はこう思う』という思い込みではなく、『こうだから、おそらくこっちの記事はちょっと怪しい、たぶんこっちのほうが正しいんじゃないか』『いや、そんなことはないんちゃう？　こんなんもあるよ』『確かに、それとこれは矛盾するね。だとしたら、こっちかな？』というように突き合わせながら、『おそらくこの問題の本質はこのあたりだろう』というように持っていくところまでが、『国際情報分析』、つまり、情報を自分で分析して判断するということです」「部活などの『運動の合宿』とは違って、『知の合宿』でこんなにしんどい思いをしたのは初めてかもしれません」「『これ、何でやろう？』と思って引っかかるとムズムズするでしょ？　知りたいでしょ？　それが出てこないとイライラするでしょ？」「本当の学びというのはそこにある。教えてもらって『あぁ、そうなんや』では楽しくないでしょ？　でも、自分の手で掘り出したものは、本当にうれしいでしょ？」生徒たちは、「ほんまそれ」と言わんばかりに、時折うなずきな

図書館にて文献収集

収集した文献の共有

がら耳を傾ける。同じ気持ちと体験を共有した者が集まっているからこその空気感である。

　移動予定の17時となり、生徒たちは借り出した書籍を両手に抱え、歩いて10分ほどのスポーツセンターへと移動する。制服から私服に着替え、夕食や入浴などを済ませたのち、21時頃から議論再開。グループごとに会議室の机を囲んで、議論を重ねる。このあとは、【⑤情報の分析】【⑥結論を出す】【⑦プレゼンテーション作成】といった工程を、自分たちで時間管理をしながら進めていく。就寝の準備まで済ませた状態なので、服装だけはゆったりしているが、表情は真剣そのもの。無駄な会話は一切聞か

れない。というのも、翌朝9時からは1グループ15分のプレゼンテーションが待っている。寝るまでに、グループとしての結論をまとめあげ、プレゼンテーション資料を作り上げる必要があるのだ。

　そばで見ている教員としては、「たった一日でこれほどの情報を集め、こんなに深い議論ができるものか」と驚かされる。ご承知の通り、この合宿プログラムが開始して、たかだか半日しか経っていない。半日前までは、教科書やニュースのなかでは見聞きしたことがあっても、一度たりとも身近な問題として考えたことがない。そんなテーマであったのが、生徒一人ひとりが書籍のなかから掘り起こした情報を持ち寄り、それぞれが自分ごととして一つの見解を持ち、議論に参加しているのだ。この大きな変わり様を目の当たりにするといつも感動させられる。

　21時や22時の時点で意見がまとまっているグループは存在しない。先にも述べた通り、この「国際情報分析」で扱うテーマは、相異なる主張と多くの研究が存在し、未だ世界共通の決着がついていないものである。たとえば、あるテーマについてA、B、二つの見解があるとすると、生徒たちは「Aは誤っていてBが正しい」とする文献群と、「Bは誤っていてAが正しい」と主張する文献群の両方に囲まれる。どちらの文献にも、書籍として出版されている以上、それなりに説得力のある論拠が示されている。そうすると、「Aが正しい」と考える生徒と、「Bが正しい」と考える生徒が現れる。A派の生徒は「Aが正しいと思う。なぜなら、……でしょ」とB派の生徒を説得するし、B派の生徒は「いや、でもこっちにはこう書いてあったよ。Aだと合わないんじゃない？」と反論する。そのような話し合いを何度も何度も重ねていくなかで、生徒たちの考えは揺れ動く。「もしかしたら、そっちのほうが正しいかもしれない」「そもそも、なんでそう考えたんだっけ？」「あー、もうなんかわからん」と議論が白熱するグループ、煮詰まるグループ、「そろそろプレゼン資料を作らないとまずいんちゃう？」と焦り出すグループ、グループによって状況はさまざまだが、それでも誰一人途中であきらめることなく、夜遅くまで生徒全員が自身でかき集めた大量の情報と格闘し続ける。

　どのグループがどのようなテーマを選んでも、必ず意見の対立や混乱が

あり、生徒たちは慣れない論理思考を繰り返しながら、ああでもない、こうでもないとみなで力を合わせて考えを深めていく。私自身、こう書きながら「もしかすると、この本の読者の方にはこういう疑問が浮かぶかもしれない」と想像することがいくつかある。

1)「やらない生徒や途中で匙を投げる生徒がいるのでは？」という疑問。
⇒私の答えはNoである。この4年間、そのような生徒は存在しなかった。「わからなくなってきた」と言って一時停止する生徒はいても、必ず「戦線復帰」して、全員が取り組み続ける。

2)「簡単に話がまとまって、議論を戦わせる場面が生まれないグループもあるのでは？」という疑問。
⇒これもNoである。後述するが、対立する見解が生徒たちの議論の俎上に必ず上がるよう、サブモデレーターの大学生が導いてくれる。そのようにプログラムが設計されているので、生徒たちが対立軸を見出し、それをめぐって議論を交わすということが必ず起こるようになっている。

3)「時間内に結論にたどり着けず、プレゼンテーションに間に合わないグループもあるのでは？」という疑問。
⇒合宿形式で実施した3回においては、この問題は生じなかった。というのも、23時就寝とスケジュールには記しているが、実際の就寝時間はグループによって異なる。ある程度プレゼンテーションの目途が立つまで、生徒たちは就寝しない（そうしなさいとは指示していないが）。翌朝「ほとんど寝られなかった」と口にする生徒も少なくない。逆に言えば、睡眠時間にバラツキは生じるが、どのグループもプレゼンテーションに向けての準備がある程度完了した状態で、二日目の朝を迎える。早いグループと遅いグループがあっても、二日目の朝にはグループ間の進捗差が吸収された状態となる。一方、合宿ができなかった第4回（2020年度）は、未完成な状態でプレゼンテーションに臨まざるを得ないグループも出てしまった。この「国際情報分析」の二日間プログラムを合宿形式で実施することが推奨される大きな理由の一つがここにあると思う。

三角検証をどうすべきか考える生徒たち

　はっきり言って、21時以降がこのプログラムの肝となる時間帯である。生徒たちは、これ以上経験したことがないくらい、大量の情報と向き合い、頭をフル回転させて、仲間たちと議論を交わす。サブモデレーターの大学生は、生徒たちの議論が一進一退するのを辛抱強く見守り、行き詰まったら助け舟を出し、議論が混乱したら整理をし、さまざまな形で手を差し伸べながら、高校生が自分たちで「国際情報分析」を実践できるように同伴してくださる。この過程のなかで、年の近い大学生が大きな存在に見える瞬間が何度も訪れる。サブモデレーターの大学生が高校生にとってのロールモデルとなり、「私もああなりたい」「こんなことができるようになりたい」と憧れを抱く。もちろん、「国際情報分析」の主たる目標は「自分で情報を分析できる力をつける」ことにあるわけだが、それとは別に、大学生とこのような関わりを持つことができることは、このプログラムから得られる貴重な体験である。

《参加生徒たちの感想②》
- 課題を進める時は、しっかりとアドバイスをしてくださって、とても力になりました。でも休憩しているときは気楽に話せるような雰囲気を出してくださってとてもうれしかったです。
- 私たちにどうやって学ぶかを教えてくださったり、私たちのやり方がずれている時にわかりやすい明確なアドバイスをくださったりし

て、すごくサポートしてもらえました。私にとってすごく大きく見えたし、自分もあんなふうになりたいと思いました。
- 答えを教えるのではなく、調べる時にアドバイスをしていただいたり、煮詰まってしまった時にヒントをくださったりして、サポートが心強かった。深夜までサポートしていただいて、精神面でも心が折れかけていた時に助けていただいて本当にうれしかったです。
- どのように考えたら解決ができるかを私たちに考えさせるようにして、私たちをサポートしてくれました。その大学生の助け方がすごいなと思いました。

　そして、高校生・大学生の動きを絶えず俯瞰し、全体としてゴールにたどり着けるよう、適切な助言を随所で与えてくださるのがモデレーターの關谷先生、という構図である。たとえば、高校生6人から成るあるグループが、3人対3人で意見が分かれたまま、意見をまとめる突破口が見つからないでいる。その様子を見た關谷先生は、グループにこう声をかける。「『こう思うねん！』という思い込みではなく、『なぜならば……』とちゃんと言える材料や根拠を示して、3対3で割れているのをどうすれば割れないで統一の見解に持っていけるか話してみてください」。そして最後に「よく勉強してると思いますよ！　もう一息、もう一息！」と声かけくださると、ある生徒は「自分たちが（高く）評価されていると思うと、にやけてしまう」と笑いながら答えていた。行き詰まりを感じていた生徒たちの心に、再び火をつけてくださった瞬間だった。ある時には考え方や進め方のアドバイスを与え、またある時には生徒を鼓舞するように声かけをしてくださり、さまざまなアプローチで生徒たちの深い学びを支えてくださる。生徒たちも、教授や大学生に支えられて、夜遅くになっても歩みを止めることなくしっかりと取り組み続ける。

　やがて、23時の就寝時刻となり、生徒はみな各々に割り当てられた部屋へと戻っていく。しかし、その後も各部屋で翌朝のプレゼンテーションに向けた準備が続く。先にも少し述べたが、グループとしての見解がまとまり、スライドがほぼ完成した状態にならないと、生徒たちは眠りにつこ

うとしない。決してそういうルールになっているわけではないが、翌朝9時から発表が始まるので、生徒たちは毎年そのように考えて行動する。結果として、翌朝に「寝られた？」と聞くと「ほとんど寝られなかった」と目を擦る生徒が多くいる。

　夜が明け、身支度をして、朝食を済ませると、プレゼンテーションに向けての最後の仕上げに入る。スライドの最終調整をする生徒、発表のリハーサルに余念がない生徒、みなそれぞれにするべきことがあり、朝からピリッとした空気が流れる。

　9時からは【⑧最終成果発表】、各グループによるプレゼンテーションの時間である。2017年度は4グループあり、1グループ15分の発表のあと、10分程度の質疑応答の時間があり、その後、關谷先生から講評をいただく。合わせて約2時間かけて、それぞれのグループがこの二日間の成果を披露した。

　生徒たちの発表を聞く度に、毎年大変驚かされる。高校では普段からプレゼンテーションをする機会が多く、よく生徒たちの発表を目にするのだが、この研修を受けたからといって、ひときわ上手なプレゼンテーションができるわけではない。そもそも、「知の探究合宿」はプレゼンテーション手法の研修ではないので当然である。私がいつも感動しながら驚くのは、たった24時間前にはほとんど自分ごととして捉えたことのなかった問題について、高校生が自信を持って話すことができるようになっていて、さらに発表後の質疑応答において、意表を突くような質問に対しても堂々と答えることができるということである。テーマが決まった直後、生徒たちが口々に「聞いたことはある」と言っていた前日の朝の光景、そしてその後、書籍を読み漁り情報を集め、夜には、時に白熱し、時に行き詰まったあと、大量の情報を前にもがき苦しんでいた生徒たちの姿と重ね合わせると、いつも感慨無量の想いになる。

《参加生徒たちの感想③》
- 私が担当したテーマは、ニュースで耳にしたことが数回ある程度で、内容も知らない状態から分析を始めたが、知らないテーマを分析す

> る分、すべてが新しい情報で、とても充実したように感じられた。
> - 情報を集めるだけでなく、自分たちで考えて議論するということが楽しかったです。
> - 一見すると二国間の問題に見えていましたが、背景にさまざまな国が関わっていて、世界からの視点で見なければいけなかったので、知れば知るほどおもしろかったです。

　すべての発表が終わったあと、關谷先生から総評をいただき、最後のまとめとなる。毎年、まとめのなかでお話しくださるのは、高校までの学習の重要さである。「非常に高い次元の学び、本当に必要な学びをするには、基礎学力がないとできません」「高校までの基礎学力は非常に重要です。大学に入って本当にステップアップしたいならば、今高校で学んでいる基礎的なことをガッツリとやることです。それは絶対に無駄にならない」「これから先も、大事なことは自分で学びにいく姿勢を忘れないでください」（「　」は、2017年度の關谷先生による講評から引用している）。

　もちろん、高校の先生も日々「今やっている勉強は大学に入って以降も必ず必要になるからね」と言う。しかし、大学教授から言われるのとは、高校生の受け取り方も違うというものだ。また、失礼な言い方になるかもしれないが、同じ大学教授から同じことを聞くのでも、1時間ほど授業体験をさせてくださった教授から聞くのに比べて、二日間の「知の探究合宿」を共にしてくださった關谷先生からの言葉は、生徒たちの心にひときわ大きく響く。

　最後は全員で記念撮影をして、この二日間のプログラムの幕を閉じた（余談だが、2017年度はまるで本合宿に合わせるかのように台風が接近していた。まさに合宿が終わりに差しかかった頃、関西学院大学がある西宮市に暴風警報が発令された。別れを惜しむ間もなく、大急ぎで宿泊していたスポーツセンターをあとにしたことが思い出される）。

　後日、生徒たちはアンケートに回答している（本章の随所に差し込まれている《参加生徒たちの感想》は、そのアンケートの回答からの抜粋である）。生徒たちは、レベルの高い学びに一心不乱に取り組み、關谷先生や

大学生の支えを得ながら、情報を自らの手で掘り起こし、かき集め、苦しみながらも、グループとして最後までまとめあげる。そこで生徒たちが感じた達成感は、この先もずっと決して忘れることはない。

《参加生徒たちの感想④》
- みんなすごく頑張っていてすごかったです。こんなにも意欲的に活動できたのは良いことだと思います。
- 能動的な学び100％といった感じです。とても深い学びという一言に尽きます。
- こんなに頭を働かせたことはないくらいよく考えた二日間でした。頭を使って疲れたのに楽しいと思えたのは初めてでした。
- 一日半では足りません！　たぶんみんな夜通しやっていたと思います。
- 一日半ととても短かったですが、こんなに短い時間で、今まで以上に頭を使い、とても疲れました。でもプレゼンテーションが終わったあとの達成感をとても感じました。前日には、終わりが見えず、本当に終わるのかなと、何度も思いましたが、何とか無事に終えることができて良かったです。インターネットだけでは得られない、さまざまな情報があるなかで、どれが本当のことなのか見分けるのがとても大変でしたが、その大変だった思い出が自分の将来への自信になれば良いなと思いました。本当にこの合宿は自分の力となりました。

最後の講評の様子

2　中学・高校の教員として、「知の探究合宿」にかける思い

　今、中学・高校の教育は大きな変化の渦のなかにある。「工業社会」「情報社会」を超えてSociety 5.0が到来すると言われているなか、次世代を担う人を育てるために、教育はどう変わるべきか、という問いを前に、国も現場も試行錯誤を続けている。

　21世紀になり、今や、情報にアクセスすること、情報を集めることは、大変容易になった。どこにいようとも、知りたいことをキーワードとして検索エンジンにかければ、ほしい情報が瞬時に大量に手に入る。そればかりか、人々は、家でも街中でもわずかな時間があればすぐにスマートフォンを手に取り、SNSやニュースサイトを眺める。ありとあらゆる情報が次々と私たちの目に流れ込む毎日を過ごしている。

　さて、そうして私たちの目の前に次々と飛び込んでくる情報は、本当に信用に値するものだろうか。信頼できる情報ばかりではなく、誤った情報、偏った情報、事実を誇張した情報が入り混じって、メディアを行き交う。まさに玉石混交の状況下で、私たちは情報を適切に取捨選択することができているだろうか。誰もが自由に情報を発信し、誰もが大量の情報に日々さらされる時代だからこそ、私たちは情報を見極める力を磨く必要がある。

　しかもそれは、大学生になってからとか、社会に出てからなどと言って、それほどゆっくりとしてもいられない。中学生、高校生だって、情報の発信者となり得る時代だ。SNSは日常生活のなかにすっかり浸透していて、子どもから大人まで自由に発信をしている。プライベートの領域に限った話ではない。中学生や高校生は今、さまざまな社会的活動を立ち上げたり、参加したり、なかには起業したりする生徒もいる。本校生も、フェアトレードの普及、ごみ減量推進、ジェンダー格差の解消などといった社会的な課題に向き合い、自分たちにできることを考えて、実際に行動するという取り組みを行っている。生徒たちは、たとえば協力を呼びかけるためにSNSに投稿したりプレゼンテーションを行ったりして、自分たちの活動に関する情報を集めて発信する。もしもこの情報が誤っていたり、偏っていたりすると、その影響は協力してくださった方々の善意にも及ぶこと

になる。情報を吟味せず、拾った情報をそのまま発信することがいかに危険であるかをできるだけ早くに知っておくことは重要である。

　「知の探究合宿」に参加した高校生たちは、この二日間で大きく変容する。一つには、世の中の出来事、マスメディアやインターネットに流れる情報、そういったものへの眼差しが変わる。情報リテラシー教育の浸透もあって、「インターネットには真偽の怪しい情報もある」といった認識は多くの生徒が持っている。だが、「ならば、ニュースや新聞、書籍は信頼性が高いか」というと必ずしもそうとは言えず、時には疑いの目を向けなければならない、また、複数の情報源にあたって正当性・妥当性を検証しなければ、偏った視点を持ってしまうことになるということを、生徒たちはこの二日間で実例をもってはっきりと認識する。この体験を経ると、世界の見え方が変わる。たとえば、ニュース番組を見ている時にも、「これ、ほんまか？」「何か、裏がありそうで怪しい」と問う目線が自分のなかに生まれる。もちろん、だからといってすべてのニュースを「情報分析」することは不可能だが、その気になればいつでも真実に迫るための術を知っている（少なくとも一度はやったことがある）というのは、生徒たちにとって大きな自信と力になる。

　そして何よりも、生徒たちはこの二日間で「学びの神髄」を知る。学びとは本来、誰かから与えられるものではなく、自分が探し求め、掘り起こし、考え見極めていくものだということ、それがどれだけ苦しくも、どれだけ楽しいものかということを、生徒たちはみな体感する。この合宿での取り組みは、テストの点数にも大学入試にもつながらない。それでも生徒たちは、ただ純粋に「わからないことを知りたい」「真実に近づきたい」、そういった知的好奇心に従って取り組む。これこそ真の学びではなかろうか。

　このような豊かな学びをこれまで私たちが享受できたことは、本当に恵まれたことである。そして本書を通して、この学びが関西学院大学の学生やノートルダム女学院の生徒だけのものではなく、もっと広く実践されるものになるようにと願っている。

第2章

なぜ、今「情報分析力」が求められるのか

関谷祐史・坂本萌歌

1 メディアを信頼する日本人とその背景

　私たちは、日々、新聞や雑誌、テレビ、インターネットなど、多様な媒体から情報に接する環境にある。その際、どのように情報を受け取っているのだろうか。たとえば、「お昼のワイドショーで専門家が〇〇と言っていたから」といった理由で情報を鵜呑みにし、それに倣って行動してはいないだろうか。

　世界価値観調査（World Values Survey Association 2022）によれば、日本の調査対象者の約70％が新聞・雑誌を、約65％がテレビを信頼すると回答している。みずほ情報総研株式会社（2021）の調査研究によると、全世代を通して約60％が新聞を最も信頼できるメディアだと回答しており、次いでテレビ、ラジオが続いている。

　図2-1は、先述の世界価値観調査の結果をもとに、日本を含むアジア諸国と欧米諸国における新聞・雑誌、テレビへの信頼度を示したものである。このなかで、中国やフィリピンといった他のアジア諸国と同様に、日本では新聞・雑誌およびテレビに信頼を置く傾向が高いことが見て取れる。対して、欧米諸国ではこれらメディアへの信頼度は低い傾向にある。アメリカやイギリスにおいては、メディアへの信頼度は30％を下回り、特にイギリスでは新聞・雑誌への信頼度は10％程にとどまる。

　なぜ、アジア諸国と欧米諸国において、メディアへの信頼度にこのような大きな差が見られるのだろうか。この点について、本間（2022）はメ

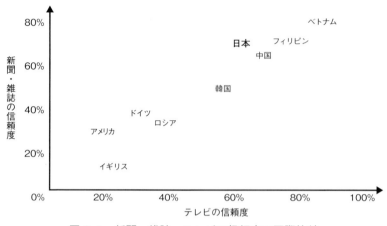

図 2-1　新聞・雑誌、テレビの信頼度の国際比較
出典：World Values Survey Association（2022）をもとに筆者作成。

ディアへの信頼が損なわれているケースを取り上げ、そのような国では特定の勢力に有利に働く報道内容、また実業家による新聞等の買収などが見られることを指摘している。そして、これらが原因の一つとなり得ると述べている。一方、本川（2021）は日本を取り上げ、日本人は国家という存在に疎遠であることから、国家と距離を置いたうえで政府の批判等を行うジャーナリズムに親近感を抱く傾向にあると指摘する。

　仮に、複数の国からなる地域ごとに特徴的な違いがあるとすれば、情報を受け取る際に見られる文化的な差異など、他にも本質的な原因が考えられるのではないだろうか。そこで、次節ではコミュニケーションにおけるコンテクスト依存度の国際比較を用いながら、文化的な差異について詳しく見ていくこととする。

2　ハイコンテクストな日本社会とコミュニケーション

　文化人類学者のエドワード・T・ホール（1979）によると、世界各国の文化は、コンテクストへの依存度が高い文化（high-context cultures）と低い文化（low-context cultures）に分類される。コンテクストとは「文脈」

と訳され、共通の言語や経験に裏づけされる情報のことを指す。

このコンテクストの高低とコミュニケーションの取り方には、関連があると考えられる。コンテクストへの依存度が高い、いわゆるハイコンテクストな文化では、人々のあいだでの共通認識が多く、明確に言葉で伝達される情報の量は少ない。つまり、一から十まで細かく相手に伝えなくとも、お互いに相手が伝えたい情報とその意図を察することができる。他方で、ローコンテクストな文化ではお互いの持つ共通認識が少なく、よりたくさんの情報で説明しなければ、互いの意図は伝わりにくい。それゆえ、コミュニケーションにおける言語の比重が大きくなると言える。

日常生活におけるコミュニケーションの事例を挙げてみると、このハイコンテクストとローコンテクストの違いをよりイメージしやすいだろう。たとえば、会社という一つの社会において、何十年という職歴を重ねた少人数の従業員から構成される職場では、具体的な情報なしに「このあいだのあれ、どうなった？」と尋ねられたとしても、「あぁ、あの件ね」と互いに理解できるのがハイコンテクストな文化である。これに対して、メールや遠隔会議で仕事を進める、職歴の浅い、若い社員が多い職場では、「3日前の定例会議で議論した今期の予算案について、もう主任には共有した？」といったように、具体的な情報と共に明確に尋ねないと話が通じない。これが、ローコンテクストな文化である。また、「大丈夫です」といった肯定、否定のどちらの意味にも取ることのできる返答であっても、ハイコンテクストな文化では文脈やその場の雰囲気からその意味合いを判断することが可能である。これに対して、ローコンテクストな文化では、曖昧な返答は混乱を招きかねない。まず、イエスかノーのどちらであるかを明白に表現する必要が生じてくる。

日本人の多くはハイコンテクスト、つまりコンテクスト（文脈）への依存度が高いと言われている。このことは、日本人独特の対人行動様式を生み出すことにもつながる。試しに読者のみなさんのコンテクストへの依存度を測るため、以下を参照し、当てはまる項目にチェックをつけてみてほしい。

□ イエス・ノーをはっきり言わない。
□ 物事を進めていくときは慎重に根回しする。
□ 合理性や論理性をさほど重視しない。
□ 初対面の人とのコミュニケーションは苦手である。
□ 反対意見があってもはっきり言わない。
□ 親しい人には目で語りかける。
□ 抽象度の高いあいまいな言葉をよく使う。
□ 語尾が濁る。
□ 人間関係はじっくり築いていく方である。
□ 積極的にコミュニケーションを取る方ではない。

出典：安田・山添（1999, p. 29）

さて、いくつチェックが入っただろうか。チェックの数が4-6個でコンテクスト依存の傾向あり、7-10個で顕著な傾向ありと判断される。

先述したホール（1979）による世界の文化とコンテクストへの依存度についての一説を踏まえ、異文化マネジメントに着目した組織行動学を専門とするエリン・メイヤー（2015）は、各国におけるコミュニケーションの様態に基づき、コンテクストへの依存度合いを次のように分類している（図2-2）。

図2-2　コミュニケーションにおけるコンテクスト依存度の各国分布
出典：メイヤー（2015, p. 59）

このメイヤー（2015）による分類においても、日本は最もハイコンテクストな文化と位置づけられ、中国や韓国、インドネシアなどのアジア諸国も同じ傾向に分類されていることがわかる。島国という地域特性を持つ日本では、その特性ゆえに他国との関わりや民族的多様性が少なく、日本国民のあいだでの暗黙の了解、つまり共有されたコンテクストが多く見られる。そのため、あえて言葉にしなくとも相手の意図を理解することができる。他方で、最もローコンテクストな文化であるとされるアメリカは、「人種のサラダボウル」と呼ばれるように、多様な民族から構成されている。アメリカ国民のあいだで共有される前提となる情報は少ないがゆえに、曖昧さや誤解が生じないよう、できるだけ率直にわかりやすく伝えることがコミュニケーションにおいて求められる。

　また、各国のコンテクスト依存度の傾向は、前節で示したメディアへの信頼度の国際比較（図2-1）とも類似している。日本を含むアジア諸国にはハイコンテクストな国が多く、新聞・雑誌、テレビなどのメディアへの信頼度が高い。対して、欧米諸国は、ローコンテクストな国が多く、メディアへの信頼度も総じて低い様子が読み取れる。

　さらに、情報を受け取る際、ハイコンテクストな日本人には、少数派が多数派に合わせるように強制する同調圧力や、より多くの人が支持するものを選択し、その流れに追随しようとする「バンドワゴン効果」（ノイマン 1997；山岸 2011）といった認知バイアスが働きやすいことにも留意する必要がある。つまり、多数派が正しいと考えている、または賛同していると考えられる情報については、その真偽や正当性を十分に評価することなく正しいと判断してしまいやすい。加えて、無意識のうちに周囲の人間の感情に自分も影響される、「情動伝染（emotional contagion）」（Hatfield, Cacioppo, Rapson 1994；木村・余語・大坊 2007）が生じることもある。つまり、感情というコンテクストに依存してコミュニケーションがなされた場合、情報の発信者の感情に受け取り手が左右され、本来とは異なる意味を持った情報として伝達されてしまう可能性があると言える。

3　今こそ情報分析力を身につけるべき理由

　現代、私たちは常にさまざまな情報にさらされている。電車に乗れば、誰もがスマートフォンやタブレットを眺めながら通勤や通学をし、テレビをつければリアルタイムで海外情勢についてのニュースや国会中継の様子が放送される。人々の目を引くように掲載の工夫が凝らされた、魅力的にも、また不安を煽られるようにも見える、色とりどりの広告が並ぶ。私たちは常に、何かを得なければという衝動に駆られている。先述したコンテクスト以外にも、情報による人間の認知活動に影響するものはいくつもある。たとえば、自分の意思で情報を検索しているつもりでインターネットを使っていたとしても、実際にはそうではなく、企業などの情報の発信元によるマーケティングの意図から、自身の興味関心に合わせた「おすすめ」が勝手に表示されやすくなっている。人間という生物は、自身の考えや価値観に合う情報ばかり収集し、情報が偏りやすくなってしまう傾向があるが、それを情報の発信者が活用した形と言える。そして時には、子どもや女性、立場の弱い人々を意図的に使うことで感情的な善悪に語りかける悪質な情報操作を行うものも存在し得る。

　人々が情報に翻弄された近年の身近な例としては、2019年の終わりに発生したCOVID-19が挙げられるだろう。当時、COVID-19の発生源に関する情報から、各国の対応、そのウイルスの危険性、感染経路、人種による感染の違いやワクチンの信憑性にいたるまで、数多くの仮説と憶測が飛び交った。ウイルスという目に見えないものであることがその恐れを増幅させ、人々はその時々に与えられる情報によって右往左往した。

　冷静になって考えてみれば、これらの情報は私たち自らが発見した「一次情報」ではなく、メディアなど誰かしらの発信者が情報を提供している「二次情報」であることに気づくことができる。こういった流通する情報には、多かれ少なかれ、歪んだ形で発信され伝えられているものもある。それは人間という生物が情報をもとに意思決定し行動するからであり、大勢の人間が特定の行動を取ることを望む存在があれば、情報の発信伝達に

その者の何らかの意図が働くからである。たとえば、企業であれば収益を上げるためにどのような情報をどのように流すことで自社製品を購入してもらえるかを考えるのは当然である。政治家であれば、政治闘争を勝ち抜くには、どのような情報を流せば有権者が自陣営を応援してくれるのか、反対陣営に否定的な反応を示すのかを考える。つまり、情報には発信者や伝達者の意図が込められたものが多くあり、それらは真実から遠く歪められている場合も多々あると言える（情報の歪みについては、次の第3章で取り上げる）。

　そして、それらの情報に踊らされ、知らないあいだに不利益を被ることもあるだろう。特に国際的な情報の場合、そのほとんどは私たちがその実態等を身近に感じることはできない。しかしながら、その悪影響が甚大な結果を招き得るということは、近現代史を見れば明らかである。金融恐慌や世界大戦などに関わるプロパガンダはその最たるものであろう。情報の受け手である私たちには、それらの情報の意図やその背景に隠されている他の事象を捉え、自ら情報の真偽やその価値を読み取る情報分析力が必要なのである。先述した日本のように、メディアに対する信頼度の高い国ではなおさら、正しく情報を分析する力が必要であると言えよう。

〈参考文献一覧〉

ホール, エドワード・T, 1979,『文化を超えて』岩田慶治・谷泰訳, ティビーエス・ブリタニカ.

Hatfield, E., Cacioppo, J. T., & Rapson, R. L., 1994, *Emotional contagion*, Cambridge University Press.

ノイマン, ノエル・E, 1997,『沈黙の螺旋理論――世論形成過程の社会心理学』改訂版, 池田謙一・安野智子訳, ブレーン出版.

メイヤー, エリン, 2015,『異文化理解力――相手と自分の真意がわかるビジネスパーソン必須の教養』田岡恵監訳, 樋口武志訳, 英治出版.

木村昌紀・余語真夫・大坊郁夫, 2007,「日本語版情動伝染尺度（the Emotional

　　　　Contagion Scale）の作成」『対人社会心理学研究』7，31-39.
みずほ情報総研株式会社，2021，『令和2年度ウィズコロナにおけるデジタル活
　　　　用の実態と利用者意識の変化に関する調査研究の請負──報告書』総
　　　　務省.
本川裕，2021,「『日本だけ異様に高い信頼度』マスコミを盲信する人ほど幸福度
　　　　は低い」PRESIDENT Online, https://president.jp/articles/-/43134.
　　　　（最終閲覧日：2024年11月12日）
本間圭一，2022,「フランスにおける記者への暴力とメディア不信の背景」『日
　　　　仏社会学会年報』33，61-77.
World Values Survey Association, 2022,「World Values Survey Wave 7（2017-
　　　　2022) Results in % by country weighted by w_weight」.
安田正・山添均，1999,『ビジネスコミュニケーションの技術──アカウンタビ
　　　　リティの基本スキルから応用実践まで』ジャパンタイムズ.
山岸俊男監修，2011,『徹底図解　社会心理学』新星出版社.

第3章

情報伝達のプロセスと情報が歪む可能性

松下明日香・亀崎綾乃

　本章では、情報の伝達プロセスで生じる歪みについて、旧版である『インフォメーション・アナリシス 5&5 ——世界が変わる学びの革命』(關谷編 2021) における「第3章 いかに情報分析力を鍛えるか——Information Analysis 5&5 の理論的背景」(吉田 2021, p. 57-70) の事例をもとに解説する。どのような時にいかなる情報の歪みが生じ得るのか、わかりやすく提示することを試みる。

1　事象が情報として伝わるまでのプロセス

　私たちのもとに届くほとんどの情報は、私たちが直接目撃したり、体感したりして得た一次情報ではない。誰かを通して伝えられた二次情報や三次情報、あるいはそれ以降の情報である。そのため、情報が伝わるその過程においては、さまざまな要因によって情報の内容自体が変化してしまう可能性がある。では、どのようにすれば、情報の内容の変化に惑わされずに、的確に情報を解釈できるのであろうか。それを知るためには、まず情報が生み出され、伝達されるプロセスを正しく理解することが重要である。

　たとえば、交通事故が発生したとしよう。それをある人（Aさん）が目撃する。Aさんは、目の前で起こった事故の状況を解釈する。そして、Aさん自身が解釈した事柄を他の人（Bさん）に伝える。さらに、AさんがBさんに伝える様子を聞いた人（Cさん）が、他の人（Dさん）に伝える。時には、個人単位での伝達ではなく、メディアを通して広く発信されたりする。

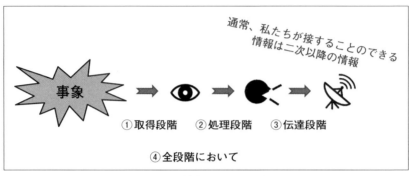

図 3-1 情報が歪む可能性

このような情報が伝達されるプロセスにおいて、情報の歪みが発生する可能性がある。それは、「(1) 情報の取得段階」「(2) 情報の処理段階」「(3) 情報の伝達段階」「(4) 全段階」の四つの段階である（図 3-1）。それでは、各段階においてどのように情報の歪みが生じるのかを見ていこう。

(1) 情報の取得段階で生じる歪み

情報をどの側面や観点から見るかによって、情報の見え方が変わってくる。たとえば、アルファベットの「M」の形をしたブロックを見るとしよう（図 3-2）。正面からは「M」と認識できるブロックも、水平 9 時の方角から見た場合、長方形に見える。しかし、同じく水平 12 時の方角から

図 3-2　アルファベットの「M」の形状をしたブロック体の見方

見た場合、長方形の真ん中にくぼみがある姿が見える。つまり、同じ事象でも、観察者の立ち位置によって見え方が変わり、異なる情報として認識されるため、複数の観察者によって異なる情報が提示されることになる。このように、観察者が見たものが物事の全体を捉えているとは限らないことから、情報を取得する段階においては、物事のある側面だけを見ることにより誤って認識してしまう事態が生じ得ると言える。

続いて、情報の取得方法によって情報に歪みが生じる例として、インタビュー調査の様子を紹介しよう。

> 質問者：どうしてお子さんは学校に行かなかったんでしょう？
> 　　　　先生が嫌いだったとか？　叱られたとか？
> 保護者：いや、お腹が痛くなったみたいで。
> 質問者：それは、勉強がわからないとか、学校へ行くのが嫌だから痛くなったとかでは？
> 保護者：そうかもしれないけど……。

この質問者と子どもの保護者に対するやりとりを踏まえて、質問者は調査の結果として不登校の理由は成績不振であり、その背景として子どもと教員の関係性に原因があることを示唆する情報を発信した。だが、果たしてそれは事実と言えるのだろうか。このやりとりでは、明らかに質問者が期待する回答を導くような質問の仕方を行っている。このような質問者の意図する方向に回答者の回答を誘導する質問のことを「誘導質問」というが、このような質問の仕方では、回答者が本当に言いたいことや子どもが欠席にいたった実際の状況を聞き取ることはできない。情報を取得する段階において、先入観や思い込みからこのようなインタビューや取材が行われることは意外に多い。

次に、ある村の経済的水準を調べるアンケート調査の内容について考えてみよう。

> 問い：あなたの1か月あたりの収入はいくらですか？
> 回答の選択肢：①30万円以上、②20万円以上30万円未満、③20万円未満

　一見、問題がないように見える質問文と回答の選択肢だろう。だが、もしこの村の住民が自給自足で暮らす農家であったとすれば、この問いかけと選択肢は適切であろうか。農家であれば、サラリーマンのように毎月決まった収入があるわけではない。年によっても、凶作や豊作の波がある可能性が考えられる。つまり、この用意された選択肢に当てはまらない回答が生じるケースがあり得る。それにもかかわらず、この調査結果の数値だけが独り歩きしてしまうとしたら、それは問題ではないのだろうか。このように調査方法が対象にそぐわない場合にも、情報の取得段階での歪みが生じると言える。

(2) 情報の処理段階で生じる歪み

　情報の処理段階においては、「解釈」と「まとめ方」によって情報に歪みが生じる。まずは、情報の「解釈」において歪みが生じる事例を見てみよう。

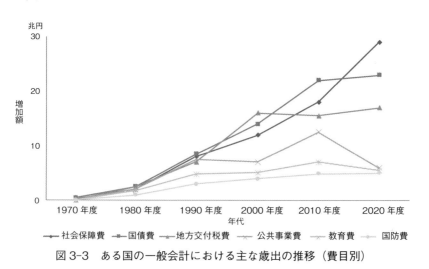

図3-3　ある国の一般会計における主な歳出の推移（費目別）

図3-3は、ある国の一般会計における主な歳出について、費目ごとに、1970年度を起点として2020年度までの推移を示したものである。社会保障費、国債費、地方交付税費、公共事業費、教育費、国防費のいずれの費目においても、1970年度以降、増加の傾向が見られる。この図3-3を見たAさんとBさんは、以下のように考えた。

> Aさん：年代を経るごとに、社会保障費が増加傾向にある。つまり、この国は福祉分野に力を入れている、国民に寄り添った健全な国だ。
> Bさん：社会保障費に次いで、国債費も同様に年々増加傾向にある。この国は、社会保障費を国債といった借金に依存しており、財政が健全でなく課題を抱えた国である。

このように、AさんとBさんは同じ情報を見ているにもかかわらず、全く異なる解釈をし、見解を述べている。

続いて、図3-4「ある小学校の算数テストのクラス平均点」をもとに、もしあなたがクラス担任を指導する学年主任や教頭・校長先生の立場で

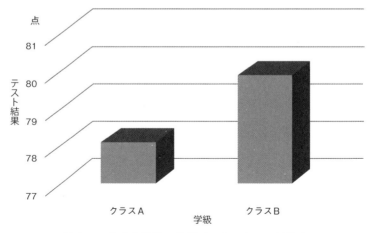

図3-4　ある小学校の算数テストのクラス平均点

あったなら、それぞれのクラス担任になんと声をかけるかを考えてみよう。グラフを見ると、クラスAに比べクラスBの平均点が非常に高いように見える。そのため、クラスAの先生には指導法の改善を提案し、対してクラスBの先生にはその成果を認め、評価していると伝えることが考えられるだろう。しかし、図3-4の詳細を確認すると、棒グラフの縦軸は77点から81点の4点の幅しかない。また、実際のクラスAおよびクラスBのあいだにおける平均点の差はわずか2点未満である。したがって、これが100点満点のテストである場合、この両クラスの平均点のあいだに大きな差があるとは言い難い。

以上のように、同じ情報を得たとしても、解釈の違いによって異なる結論にいたることがある。また、統計処理の方法や、表やグラフによるその処理の提示方法により、相手に事実を誤認させるような事態を招きかねない。

次に、情報の「まとめ方」により生じる情報の歪みについて確認しよう。たとえば、「空気中の二酸化炭素濃度が増加している」「世界の平均気温が上昇している」という二つの個別の事象が観察されたとする。これらから確認できることを、AさんとBさんは次のようにまとめた。

Aさん：産業革命以来、人間の経済活動によって二酸化炭素が急増した。この二酸化炭素の増加が、気温を上昇させた。
Bさん：地球は太陽の黒点活動の影響を受け、もともと寒冷期と温暖期を繰り返している。今は温暖期だから海水温が高くなり、結果として海水中の二酸化炭素が大量に空気中に放出される。

AさんとBさんは、二酸化炭素濃度の増加と平均気温の上昇という同じ事象について科学的根拠に基づき解釈している。それにもかかわらず、それらの因果関係を逆に解釈した情報のまとめ方がなされている。

さらに、次の事例も見ていこう。メディア等から電話によるアンケート調査を受けた経験はないだろうか。たとえば、「あなたは憲法改正に賛成ですか？」と問われたとしよう。

> 質問：あなたは憲法改正に賛成ですか？
> 回答結果：「賛成」40％、「反対」30％、「どちらとも言えない」30％

　この回答結果をすべて示さずに、「憲法改正に賛成できないという回答が、全体の過半数である60％を占めました！」と報道したとする。確かに嘘ではないが、それは事実を正確に反映していると言えるものだろうか。
　このように、情報をまとめる段階において「論理性」や「妥当性」の検討に問題がある場合、事実とは異なる情報が伝達される可能性がある。

(3) 情報の伝達段階で生じる歪み

　情報が伝達される段階で生じる歪みの原因には、「表現力」「言葉の置換」「勘違い」「誇張（ステレオタイプ化）」などがある。はじめに、「表現力」の問題によって情報が歪められた例として、次の事例を見てみよう。
　ある日、交通事故が発生した。その現場を目撃したAさんとBさんそれぞれの証言は、次の通りである。

> Aさん：大きな車が猛スピードで突っ込んできてさ。ちっちゃい子たちをみんなひき殺したのよ。もうあっという間に道路脇まで飛ばされて血だらけよ。ほんと可哀想。ひどいわよね。
> Bさん：横断歩道を渡っていた小学生3人がワンボックスカーにはねられてね。運転手はスマホをいじりながら運転していて、前を見てなかったみたい。でも、事故が起きたのが運良く総合病院の前だったから、子どもたちもすぐ病院へ運ばれて応急手当てがされてたよ。

　同じ現場に居合わせたAさんとBさんであったが、両者から聞く子どもの安否に関する印象は随分異なる。このように、目撃した事柄のうち、どれだけ具体的で客観的な情報をどのようにして人に伝えるのか、その表現方法によっても、情報に歪みが生じ得る。

次は、「言葉の置換」や「勘違い」による情報の歪みの例である。ある大学寮で盗難事件が発生し、1000円が紛失した。

Aさん：あの時、誰か部屋にいたよ。デイビッドだっけか！？
　↓
Bさん：デイビッドが怪しいらしい。
　↓
Cさん：デイビッドって泥棒らしいよ。
　↓
Dさん：デイビッドってさ、1万円泥棒したらしいね。
　↓
Eさん：はーっ！？　何言ってんの！　デイビッドはお金を盗られた張本人だよ！！（しかも盗られたのは1万円じゃなくて1000円だし！）

このように、情報発信者による「言葉の置換」や「勘違い」によって、情報を人に伝達する段階において、事実とはまったく異なる情報が拡散されることも少なくない。

続いて、「誇張（ステレオタイプ化）」によって生じる情報の歪みについて見てみよう。

テレビ：昨夜0時過ぎ、△△大学の学生が酒に酔ってバイクを運転し、歩行者と接触して怪我をさせました。運転していた学生は、通報を受けた警察官に逮捕されました。
視聴者：△△大学の学生ってろくなもんじゃねえなぁ。

この視聴者が抱いた△△大学の学生への感想は、△△大学の学生への評価として妥当なものであろうか。逮捕された1人の学生の素行を、その大学の学生全体の特徴かのように情報の伝達をしてしまうと、事実を適切に把握することは困難になる。このように、情報の伝達段階における誇張や

ステレオタイプ化がなされることにより、受け手は歪んだ情報を得てしまう可能性が生じる。

(4) 全段階において生じる情報の歪み

最後に、「(1) 情報の取得段階」「(2) 情報の処理段階」「(3) 情報の伝達段階」のすべての段階において、情報の歪みが生じることがある。それは、情報の発信者が意図を持って情報操作を行おうとしている場合である。特に政治や国際的な分野に関わる情報には、さまざまな利害関係者の意図や思惑が複雑に絡み合っている。とりわけ、戦時下に流される情報における戦略の重要な部分は、プロパガンダとして用いられることが明らかになっている（モレリ 2015）。

私たちのすぐ身近にある情報にも、発信者が意図を持って操作しているものがあるかもしれない。それに踊らされず、情報を的確に捉えるためにも、情報分析能力を高めることが必要ではないだろうか。

2 信頼できる情報とは何か

(1) 権威 ≠ 信頼

あなたは普段、どのような情報であれば信頼できると考えているだろうか。情報を吟味して得ようとしている人であっても、国民に広く流されるメディアや、その道の権威ある専門家や著名人の言葉なら、無意識に信頼してしまっていないだろうか。情報の発信元が権威ある組織であった場合、その情報を頭から信頼して受け取ったとしても何ら問題ないのだろうか。同様に、政府や国際機関が公表する情報についても、正しいものだという前提で受け取っていないだろうか。

(2) 国際機関と開発途上国の教育統計データ

政府や国際機関が公表する情報の実態について理解するために、国際機関が各国の調査結果を取りまとめて公表している世界の教育統計データの事例を見てみよう。

開発途上国におけるデータ収集

　就学率や留年率、退学率などの教育統計データが、どのように収集され、数値が提示されているかをイメージできるだろうか。これらの教育統計データを算出するためには、当該年齢の全人口と学校で実際に学んでいる在籍者数を用いる。それぞれを収集し管理するのは、各国政府機関のどの省庁になるのだろう。

　まず、人口については、日本の場合、誰でもインターネット等を使えば、おおよそ正しい数値を容易に取得することができる。それは、出生届や住民票の提出と管理が、比較的厳密に行われているからである。それにより、人口の移動や増減が反映された数値を、毎年タイムリーに知ることができる。一方、開発途上国においては、数十年に一度の国勢調査の結果でしか、最新の情報が得られない。国勢調査のあいだの期間の人口推定値を計算したとしても、人口増加率が高いゆえに開発途上国の実態を正確に予測することは困難である。

　次に、学校における在籍者数の把握についてはどうだろうか。各国の教育データは、基本的に「①学校レベル→②村や地区レベルの教育委員会→③県や州レベルの教育委員会→④国レベルの教育省」を経て、最終的に国際機関に集約される。単にデータを送るだけの簡単な作業に思えるかもしれないが、そうではない。特に、開発途上国においてはさまざまな壁が立ちはだかる。たとえば、学校では子どもたちの修学状況は未だ紙ベースで管理されており、資料がデータ化されていない場合がほとんどである。その背景としてパソコンやインターネットの使用が一般的ではなく、電気さえ十分に通っていない地域もある。書類を送るにも、日本のように安全で正確な郵送システムが全国に行き渡っておらず、現実的な手段として、学校の教職員が直接県や州の教育委員会に届けるか、教育委員会の担当者が各学校をまわってデータを回収することになる。ところが、学校・教育委員会間の移動も簡単にはいかない。開発途上国では、交通インフラが十分に整備されておらず、地方や僻地ではなおさら学校にたどり着くだけで一日仕事、ということも珍しくない。そのため、教職員や教育委員会の担当者が直接資料を回収することは、時間と労力がかかる非常にハードルが高

いものであることが予想される。また、その回収のための交通費は誰が負担するのか。果たしてどれほどの学校関係者から協力が得られるのだろうか。

開発途上国でのデータ収集は平時であっても難易度の高いものであるが、紛争地域など、そもそもデータが収集できない、回収がままならない状況にある国や地域もあるだろう。このような情報収集の実情を紐解いていくと、国際機関に届けられるデータは、どれほど厳密な情報だと言えるのだろうか。国際機関のデータの正確さは、開発途上国のデータ収集能力にかかっているのである。

収集したデータの統計処理

収集したデータはどのような手続きを経て公表されるのか、データの処理段階についても確認しよう。各国のデータは、「①学校レベル→②村や地区レベルの教育委員会→③県や州レベルの教育委員会→④国レベルの教育省」という順で集められるが、すべての生データがそのまま送ってこられるわけではない。つまり、各レベルで集計値としてまとめられてしまう。これが毎年集められたとしても、それは横断的データと呼ばれるものになり、その横断的データから個々人のデータを遡って経年的に追いかけることは不可能である。横断的データは、国や地域の全体的な状況をおおよそ把握するには適しているが、一人ひとりの状況等、現場レベルの実情を反映できているわけではない（關谷 2018）。開発途上国の教育現場をフィールドとする研究者らが、自ら現地の学校に赴き一次データを収集して分析した結果、国際機関のデータとは矛盾する現場の姿が明らかになることもある。一例として、ある国の小学校における平均在籍年数を紹介しよう。開発途上国では、さまざまな事情により小学校を途中で退学してしまうケースがある。その実態を明らかにすべく、国際機関の横断的データを用いた分析結果では、小学校での在籍年数は平均4.5年と公表されている国があった。しかし、学校における児童一人ひとりの修学状況を一次データに基づき分析したところ、「小学校を一度も留年せずに卒業するパターンと低学年で退学するパターンに二極化しており、ちょうどその平均に当た

る 4 年生で退学する子どもはほとんど存在しない」という結果が得られている（Sekiya 2014；關谷・芦田 2018）。

(3) 信頼できる情報とは

　国際機関のような権威ある機関が公表する情報は、きちんとした手続きを踏み精査されたものだろうと、無意識的に信頼を寄せてしまいがちである。しかし、情報を収集するプロセスやまとめ方の実態を丁寧に紐解いていくと、権威があると一般的に思われている組織の情報だからといって、必ずしも現実を正確に反映した情報とは限らない。

　それでは、私たちはどこから信頼できる情報を得ることができるのだろうか。ここまで本書を読み進めてきた読者のみなさんなら、盲目的に信じられる情報はないのだということをおわかりだろう。ある事象が生じている実態の全体像をより正確に把握するためには、自分自身で情報を収集し、自らの頭で考え、信じるに足る情報か否かを判断する力が必要である。

　次章では、いかに情報の真偽を分析し論理的に探究するのか、その方法を紹介する。

〈参考文献一覧〉

關谷武司, 2018,「はじめに 個々の子どもたちに着目した、修学実態分析の意義」關谷武司編『開発途上国で学ぶ子どもたち――マクロ政策に資するミクロな修学実態分析』関西学院大学出版会, 3-13.

關谷武司・芦田明美, 2018,「第 1 章 小学校でつまずくホンジュラス地方都市の子どもたち」關谷武司編『開発途上国で学ぶ子どもたち――マクロ政策に資するミクロな修学実態分析』関西学院大学出版会, 33-58.

モレリ，アンヌ, 2015,『戦争プロパガンダ 10 の法則』草思社.

吉田夏帆, 2021,「第 3 章 いかに情報分析力を鍛えるか―― Information Analysis 5&5 の理論的背景」關谷武司編『インフォメーション・アナリシス 5&5 ――世界が変わる学びの革命』関西学院大学出版会, 57-76.

Sekiya, T., 2014, Individual patterns of enrolment in primary schools in the Republic of Honduras, *Education 3-13: International Journal of Primary, Elementary and Early Years Education, 42* (5), 460-474.

第4章

国際情報分析の理論的背景と実践方法

關谷武司・吉田夏帆

1　情報のからくりと真実に迫る探究プロセス

　あるニュースを「視た」「聴いた」「読んだ」。すると、日本人の多くの反応は、「ふ～ん、そうなのか」と、受け取った情報をまるで真実そのもののように思い込む。

　しかし、これは正しくはない。少し冷静に考えれば、それは実際に起こったことを誰かが伝えたものにすぎないからだ。その誰かがどういう人かによって、どういう立場にあるかによって、伝えられる情報は変わってくる。まったく何の動機もなく、時間と労力をかけて情報をつくり、発信する人はいないだろう。

　本節では、まず情報のからくりを理解し、そのうえで、どうやって事象そのものに近づけるのかを示してみたい。

（1）情報のからくり

　大学生 A さんがある事象に関する新聞記事を読んだとしよう。それは、この記事を書いた記者が、ある事象を見た時の影のようなものにすぎないと言える。この関係を模式図に示すと、図 4-1 のように描けるだろう。つまり、あるところの光源（ある特定の立ち位置の記者）によってある事象が照らされる時、黒い影のような記事（情報）として現れる。

　この影をたくさん集めてきても真実そのものに到達できることはない。高校までの調べ学習という活動は、実はこの作業を繰り返していることに

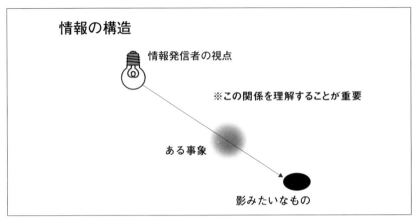

図4-1　情報の構造

なる。世にある意見はある程度集めることはできるだろうが、必ずしも真実を理解できるとは限らない。

では、真実を知りたい時、ある事象そのものに迫りたい時、どうすればいいのだろうか。

(2) 探究の始まり

①事象の概略と背景の把握

まず、記事で扱われているその事象の概略や背景を、記事そのものから、そして、他のインターネット検索情報から取り上げてみよう。一体、どういう事象なのだろうか。たとえば、大学生Aさんが目にしたのは、「2022年2月にロシアがウクライナに侵攻した記事」（NHK 2022）だったとしよう。どういうことが起こったのだろう。一通り調べてみよう。

いかなる事象も、何の前触れもなく、何の理由もなく、いきなり生じてしまうことはまずあり得ない。今回の例のような国際情勢に関わることならば、必ずさまざまな背景がある。当該記事に書かれていない場合は、自分で調べてみよう。

「調べても出てこない！」

それはおかしい。それならば、検索言語を変えて調べてみよう。近頃は便利だ。どのウェブブラウザを使っていても、外国語ニュースを日本語に自動翻訳してくれる。

②事象に関わる関係者の利害関係の把握

次に、この事象にはどのような関係者が絡んでいて、その利害関係はどのようになっているのだろうかと考えてみてほしい。この記事が扱う事象の関係者は多岐にわたりそうである。ロシア側の指導者・プーチン大統領に、ウクライナ側の指導者・ゼレンスキー大統領。ウクライナの味方をするアメリカの指導者・バイデン大統領。それぞれの軍の関係者に、被害を被っている人々。このあたりはすぐに頭に浮かぶ。だが、それだけではないだろう。戦闘行為が始まれば、真っ先に経済に影響が出る。軍需産業はその筆頭だろう。物資の流通も滞るので、両国が輸出してきた産業は何かを考えたい。両国からの小麦などの食糧関連に加え、ロシアからの天然ガスや石油などのエネルギー関連にも関係者は及びそうだ。その利害関係は、少し考えただけでも、いずれの国の軍需産業もビジネスが動くだろう。ウクライナとロシアの食糧関係の企業は悲鳴を上げるかもしれないが、第三国の企業には好機かもしれない。エネルギー関連企業も同じような影響があるかもしれない。

③出典の分析

さて、ここであらためて、この記事を書いている記者や発行元に目を向けてみよう。この個人や組織はどのような存在なのだろう。どこの国のどのような立ち位置にあるのだろう。そして、この個人や組織は、今回の事象とどのような関係になるのだろう。ロシア側なのか、ウクライナ側なのか、あるいはアメリカ側の存在なのか。先ほど調べたさまざまな関係者との接点はないだろうか。

④論理性・妥当性の検討

ここまで調査を進めてきたうえで、もう一度、元の記事を読み直してみよう。

もし、この記者がウクライナの政府や国民と関係のある存在だとすれば、ロシアを非難する内容を書くのは自然なことだろう。逆にロシアのそういった関係者なら、まったく逆のニュアンスで表現するのではないだろうか。第三国のエネルギー産業に関わる存在ならどう書くだろうか。

なお、ここまでの①から④の探究プロセスを示したのが図 4-2 である。

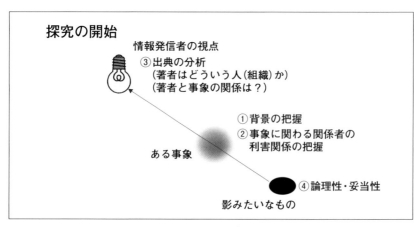

図 4-2　探究のプロセス

⑤仮の結論

このように考えを進めてくると、読んだ記事の受け止め方や解釈は、少なからず第一印象とは異なってくるのではないだろうか。あらためて、真実はどうなのだろうか。

おそらくさまざまな推論は可能であろう。しかし、この段階で、何らかの結論に近い判断をすることは難しい。「こういうことではないのかな」と考えられたとしても、あくまでそれは「仮の結論」にとどめおくべきだろう（図4-3）。では、もっと本当の事象に迫りたい場合はどうすればいいのだろうか。

第4章　国際情報分析の理論的背景と実践方法　65

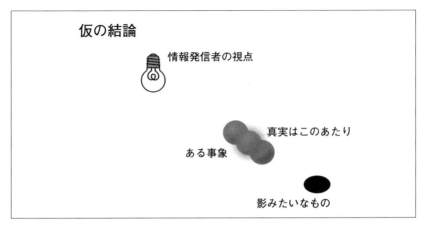

図4-3　仮の結論にいたった状況

⑥三角検証

　当該事象について、別の立ち位置から書かれている記事を探してみよう（三角検証）。そして、導き出された仮の結論に対して、上述した①から④までの作業を繰り返すことで、ぼやけていたある事象の姿が鮮明になってくるのではないだろうか（図4-4）。

　ただし、これはあくまでも論理的な筋道なので、実際の検討の際には、さ

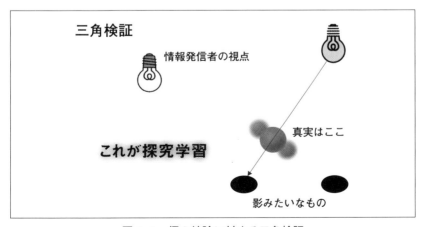

図4-4　仮の結論に対する三角検証

らに調査をしなければ、ある事象の明確な姿は現れてこないかもしれない。

(3) 似て非なるもの――国際情報分析による探究学習

　初めて国際情報分析に取り組む際、どうしても高校までの「調べ学習」の域を出られない学生が目につく。これまで長きにわたり、提示された情報をそのまま暗記することを続けてきたため、事象の「影」の部分、つまり、誰かの意図が反映されている情報をそのまま鵜呑みにしてしまう。探究学習は、その情報を収集するところまでは調べ学習と同じであるものの、その情報を鵜呑みにせず、個別に検討を加えるというプロセスが追加されてくる。自分自身で考えるという真に能動的な思考が必要になる。このことは、調べ学習と探究学習の決定的な違いである。

　また、別の学生は、初めから思い込みがあり、その思い込みを補強するような情報ばかりを集めてきたりする。そして、自分の思い込みが正しいとばかりに、周りの者を言い負かそうとする。歴史認識や外交関係に関わる情報の場合、真実であるか否かはそっちのけで、ディベートと勘違いするような者も現れる。感情的になっても真実は見えてこない。

　国際情報分析という探究学習は、真実を知るための、少なくとも真実に迫ろうとするための思考のプロセスである。偏りのない情報を論理的に分析していくこと、粘り強く、かつクールに分析を進めることが必要である。

2　国際情報分析の実践方法

(1) 国際情報分析の目的

　現代社会に生きる私たちは、テレビやラジオ、新聞、雑誌、書籍などのマスメディアをはじめ、インターネットのニュースサイトや口コミサイトなどのウェブメディア、スマートフォンなどからアクセスできるブログやFacebook、X（旧Twitter）、YouTubeなどのSNSに囲まれて生活している。そこには知っておきたい有益な情報から、デマやフェイクニュースなどまで玉石混交。なかには詐欺紛いの悪意に満ちたものまである。この情報の洪水のなかを泳いでいくには、相応のメディアリテラシーを身につけてお

くことが、これからを生きるすべての者にとって当たり前に必要となるスキルと言えるだろう。

　しかし、本書で提示されている国際情報分析は、単に情報を読み解くツールにとどまるものではない。論理的思考力を向上させる教育法であり、その目的は単に「知識（情報）」を受身的に取捨選択するだけではなく、自らが主体となって「知識（情報）」を分析・評価し、最終的には自分自身の考えを論理的に構築していくものである。

　これは、アメリカの心理学者であるベンジャミン・S・ブルームが提唱した「教育目標の分類学（Taxonomy of Education Objectives）」の「思考力（Thinking skills）」に焦点を当てた分類、ならびにブルームの弟子であるローリン・W・アンダーソンら（2001）が、「記憶する（Remember）」「理解する（Understand）」「応用する（Apply）」「分析する（Analyze）」「評価する（Evaluate）」「創造する（Create）」へと改訂した内容と考えを同じくするものである。

　詳細は終章にて述べられているが、これから世界が向かう知識基盤社会においては、人類にとって最も重要であった「知識」を記憶することではなく、それをいかに用いるかという「知識」あるいは「スキル」が根本的に重要となる。ゆえに、国際情報分析は、これからの人類の学びに関わる基本的な方法とも言える。

　国際情報分析は、まさにこの高次のスキルを獲得しようとするものであり、与えられる知識（情報）はすべて真実であることを前提とした高校までの調べ学習とは異なる。アメリカから輸入された、裁判での検察側・弁護側の応酬を真似てジャッジが勝敗を決めるディベートゲームでもない。知識（情報）の分析を通して真実にいたろうとする、大学などにおける探究を通した学びの姿勢を身につけることを目指すものである。

　ゆえに、この方法を学ぶ者には、グローバル化した社会における情報を分析・判断しようとする姿勢を涵養し、その方法を理解し、実践できることが期待される。

(2) 国際情報分析の5ステージ

国際情報分析の全体の流れは、以下のような5ステージに整理できる。

ステージ1：課題の全体像の把握
ステージ2：キーとなる情報の選択
ステージ3：個別の情報の収集と分析
ステージ4：個別の結果の統合
ステージ5：最終判断に向けての考察

【ステージ1：課題の全体像の把握】

分析すべき情報、あるいはテーマについて、まずはインターネットで調べることにより、その課題のざっくりとした全体像を把握する。

なお、実際に取り組む際には、指導者が課題に関する概略を取りまとめたような記事などを提示してあげると、学習者も最初の取っ掛かりができて全体像の把握の調査がスムーズに進むと考えられる。

【ステージ2：キーとなる情報の選択】

1) 課題を検証するにあたって、キーとなりそうな情報は何か、見当をつける。
2) それらのキーとなりそうな情報を検証するのに必要な文献等のリストを作成する。
3) 一つのキーとなりそうな情報に対し、必ず三つ以上の文献等をリストアップしておく。たまたま手にした文献が唯一の有力な情報源である保証はない。なお、それぞれの文献は、インターネットの書評などを参考に選択するのが効率が良い。

【ステージ3：個別の情報の収集と分析】

1) 図書館にて個別の文献等を収集する。
2) 各文献を手にしたら、まず「まえがき」「はじめに」「序論」などで、

文献に書かれている内容を確認する。
3) 各文献の内容に必要な情報が含まれていると判断された場合、次は「目次」で該当箇所を確認し、本文の必要な部分に目を通す。
4) 必要な情報が確認された場合、その情報について以下の5アクションを行い、記録に残す。
　① 根拠の検証
　② 背景の把握
　③ 利害関係の把握
　④ 論理性・妥当性の検証
　⑤ 三角検証
　　一つのキーとなる情報につき、リストアップした文献すべてにこのステージ3の作業を繰り返す。
5) 三角検証で使う情報についても、このステージ3の作業を行う。
※5アクションについてはこの後に詳説するので、そちらを参照のこと。

【ステージ4：個別の結果の統合】
1) ステージ3で記録されたすべての結果を論理的に統合し、仮の結論を導き出す。
2) 個々の情報が整合的に組み上がらない場合や、情報同士が対立し合う場合は、情報の解釈がイデオロギーなどによって偏っていないか、特定のメンバーの意見ばかりに振り回されていないかなどの振り返りが必要である。
※他のキーとなる情報が漏れていることが明らかな場合は、ステージ2に戻って追加作業をやり直す。

【ステージ5：最終判断に向けての考察】
1) ステージ4で得られた仮の結論について以下の5アクションを行い、総合的な判断として最終結論を導き出す。
2) ここでの5アクションは、後掲の表4-1に整理した通り、ステージ3における個別の情報分析に対する5アクションとは異なり、仮の結論

に対して行う。
① 根拠の検証
② 背景の把握
③ 利害関係の把握
④ 論理性・妥当性の検証
⑤ 三角検証

※他のキーとなる情報が漏れていることが明らかな場合は、ステージ２に戻って追加作業をやり直す。

(3) 国際情報分析の５アクション

国際情報分析の５アクションについては、以下の通りである。

【国際情報分析の５アクション】
1) 根拠の検証
   - そのニュースのニュースソースは何か
   - どこの、誰の、どのような情報か
   - 信頼に値するものか
   - データの入手方法は妥当か
2) 背景の把握
   - 情報のターゲットになっている特定個人、団体、国家などは、どのような背景を持っているか
   - 情報として扱われている事象は、どのような背景や状況を伴っているか、信頼に値するものか
3) 利害関係の把握
   - 情報に扱われている事象には、どのようなステークホルダーが関わり、それぞれどのような利害関係にあるか
   - この情報が流れることで、誰が、どのような影響を受けるか
4) 論理性・妥当性の検証
   - 情報の解釈に妥当性があるか、筋は通っているか
   - 偏った立場からの見方になっていないか

5）三角検証
- 他の方法で、その情報が述べていることを検証する方法はないか
- 手にした情報を別の角度から、あるいは別の方法によって確認できないか

【ステージ3と5における5アクションの違い】

「①根拠の検証」を除き、ステージ3と5でのアクションの違いは、次の表4-1にまとめている通り、「個別の情報」についての検証なのか、「仮の結論」についての検証なのかである。

表4-1 異なるステージごとの5アクション

5アクション	ステージ3：個別の情報の分析	ステージ5：仮の結論の検証
①根拠の検証	出典や信憑性を確認	出典のバランスを確認
②背景の把握	個別の情報に関する背景情報を検証	仮の結論に関する背景情報を検証
③利害関係の把握	個別の情報に関する利害関係を検証	仮の結論に関する利害関係を検証
④論理性・妥当性の検証	個別の情報の論理性・妥当性を検証	仮の結論の論理性・妥当性を検証
⑤三角検証	個別の情報を別の情報から検証	仮の結論を別の情報から検証

※「①根拠の検証」については以下の通りである。

ステージ3：個別の情報の分析
- 出典の確認：その情報のソースは何か／どこの、誰の、どういう情報か
- 信憑性の確認：その情報は信頼に値するものか／出典の組織はどのような組織か／筆者はどのような人か／データの入手方法は妥当か／対象は偏っていないか／データ数は十分か

ステージ5：仮の結論の検証
- 出典のバランス：インターネット情報に偏っていないか／日本語文献に偏っていないか／同じ出典ばかりに頼っていないか／関係者、関係国に偏りがないか／イデオロギーに偏りなく引用できているか

(4) 国際情報分析のプレゼンテーション

【プレゼンテーション（成果発表）】

　国際情報分析においては、特別なプレゼンテーションのノウハウを提供することはない。むしろ、真実を見つけ出すことを重要視しているため、視聴者の意識を意図的に誘導するようなプレゼンテーションは避けるべきと指導する。第6章で評価に関して説明するが、プレゼンテーション技術やノウハウは評価対象には含まれていない。

　他方で、自らが主体となって「知識（情報）」を分析・統合し、最終的には自分自身の考えを論理的に構築していくためには、自分たちの思考のプロセスを明確に表現することが重要である。そのことで、自分たち自身で自らの思考の論理性を客観視でき、視聴者に正確に伝えることで、評価というフィードバックが正しく得られるからである。

　国際情報分析において、最低限の指導として徹底するのは次の点である（図4-5参照）。

- 自分たちの到達した判断（結論）を明示するために、情報の引用と自分たちの考えは明確に線引きする
- そのために、どの発表資料（スライド）にも必ず出典を明記する

> **第31代アメリカ大統領フーバーによるルーズベルト批判の言葉**
>
> 「ワシントンの疑われている高官は戦争になる可能性をよくわかっていた。それにも関わらず、その情報をハワイの司令官に伝えようとしなかった。（以下省略）」
>
> 出典：『誰が第二次世界大戦を起こしたのか』
> （渡辺惣樹、2017、p. 151）
>
> ↓
>
> ハワイに日本が攻めてくることは予想していた。しかし、ルーズベルトはハワイの司令官であるキンメルとショートには伝えなかった。

図4-5　出典の書き方や引用内容と自分たちの考えの書き分け方のサンプル

注：鉤括弧内の内容が文献からの引用で、矢印以下の内容が、そこから導き出した自分たちの考え（推論）であることがわかりやすく整理されている。

- 発表時には必ず「……によれば……である」「……は……と述べている」と引用部分を述べ、自分たちの判断（結論）は「私たちは……と考える（判断する）」と述べる
- 判断（結論）は必ず論理的に妥当な判断材料に基づいて行われる必要があるので、妥当な根拠を論理的に解釈したうえで、判断（結論）を述べる
- プレゼンテーションを聴く側の思考のプロセスを想像しながら、初めて聴く人にとってもわかりやすい内容になっているか、論理の飛躍はないかについて留意する

【プレゼンテーション資料の作成】

国際情報分析のプレゼンテーション資料を作成するにあたっては、次のストーリー（目次）を参考にするとわかりやすい（表4-2）。

表4-2　プレゼンテーションのストーリー（目次）

プレゼンテーションのストーリー（目次）	対応する5ステージ
①テーマ（課題）に関する概要の説明	ステージ1：課題の全体像の把握
②テーマ（課題）に関する背景の説明	
③（テーマ（課題）を明らかにするための）検証すべき論点	ステージ2：キーとなる情報の選択
④個々の重要情報の検証プロセス	ステージ3：個別の情報の収集と分析
⑤仮の結論をどう導いたか	ステージ4：個別の結果の統合
⑥仮の結論に対する三角検証	ステージ5：最終判断に向けての考察
⑦自分たちの最終結論	
（⑧さらなる探究）	―
参考文献一覧	―

プレゼンテーションのストーリー（目次）の①から⑦は、それぞれ国際情報分析の5ステージに対応している。

また、学習者のなかには、自分たちの最終結論まで導き出せたものの、なぜそのような状況になっているのかなど、テーマ（課題）を超えて探究

を深めていく者も珍しくない。その場合には、「⑧さらなる探究」の項目を追加することで、プレゼンテーションに反映することも可能である。ただし、これはあくまでオプションであるため、まずは①から⑦（ステージ1から5）に集中し、過不足なく分析し提示することが最も重要である。

そして、最後に「参考文献一覧」をつけることで、分析の出典を明示することも忘れてはならない。なお、参考文献一覧の書き方はさまざまであるが、基本的に、この国際情報分析においては、「著者名」「発行年」「タイトル」「出版社／発行元」などが記載されていれば十分であると考える（表4-3参照）。

表4-3　参考文献一覧の書き方のサンプル

1	馬渕睦夫（2023）『ウクライナ戦争の欺瞞――戦後民主主義の正体』徳間書店.
2	吉田夏帆（2021）「第3章 いかに情報分析力を鍛えるか―― Information Analysis 5&5の理論的背景」關谷武司編『インフォメーション・アナリシス5&5 ――世界が変わる学びの革命』関西学院大学出版会, 57-76.
3	合六強（2020）「長期化するウクライナ危機と米欧の対応」『国際安全保障』48(3), 32-50.
4	NHK（2024）「【詳細】ロシア ウクライナに軍事侵攻（9月24日の動き）」https://www3.nhk.or.jp/news/html/20240924/k10014559781000.html（最終閲覧日：2024年9月24日）.
5	BBC News（2024）「Vladimir Putin lays out terms for Russian ceasefire in Ukraine」https://www.youtube.com/watch?v=3RjLv1NaT-Y（最終視聴日:2024年9月24日）.

注：文献1は書籍を引用しており、【著者（発行年）『書籍タイトル』出版社.】という順で記載されている。文献2は書籍のある章を部分的に引用しており、【章の著者（発行年）「章タイトル」書籍の編者『書籍タイトル』出版社, 章のページ数.】という順で記載されている。文献3は学術論文を引用しており、【著者（発行年）「論文タイトル」『学術雑誌名』巻(号), 論文のページ数.】という順で記載されている。文献4はウェブのニュース記事を引用しており、【発行者（発行年）「記事タイトル」URL（最終閲覧日）.】という順で記載されている。文献5はYouTubeの動画を引用しており、【発信者（発信年）「動画タイトル」URL（最終視聴日）.】という順で記載されている。なお、文献の並び順は、プレゼンテーション内での引用順あるいは五十音順（英語表記の場合はアルファベット順）のいずれかとするのが一般的である。

〈参考文献一覧〉

渡辺惣樹，2017，『誰が第二次世界大戦を起こしたのか——フーバー大統領「裏切られた自由」を読み解く』草思社．

Anderson, L. W., & Krathwohl, D. R. (Eds.), 2001, *A taxonomy for learning, teaching, and assessing: A revision of Bloom's Taxonomy of Educational Objectives*, Longman.

NHK，2022,「【詳細】ロシアがウクライナに軍事侵攻（〜25日午前1時）」https://www3.nhk.or.jp/news/html/20220224/k10013498911000.html（最終閲覧日：2024年6月20日）．

第5章

反転学習を軸とした大学における実践

江嵜那留穂

本章では、関西学院大学（以下、関学）において2011年度より開講されている授業を例に、大学における国際情報分析の実施方法について紹介する。本授業は、全学部生を対象としており、1年生から受講することが可能である。1クラスあたりの定員は24人であり、2024年度時点において各学期合計3-5クラス開講されている。少人数制、かつ反転学習の形式を用いた能動的な授業への取り組み態度が求められる、関学のなかでも本気度の高い授業の一つとして知られている。

1　授業の全体的な流れ

合計14回分の授業回から構成される本授業は、第1回および第2回の教員による講義、第3回から第6回までの第1ラウンド（特定課題分析）、第7回から第10回までの第2ラウンド（自由課題分析）、そして第11回から第14回までの第3ラウンド（情報発信体験）の4部構成となっている（表5-1）。本節では、各段階におけるポイントと流れについて概説したのち、実践例を用いて詳説する。

(1) 導入と情報分析方法の説明

第1回の導入では、教員による講義をもとに、受講生は情報分析力を鍛えるべき理由を世界と日本の歴史的・文化的背景から考え、本授業の目的や到達目標について把握する（第2章参照）。そのうえで、第2回の授業では、情報が歪む可能性や情報のからくり、情報分析方法について学び（第3章

表 5-1　授業計画

回数	形式	内容
第1回	講義	導入
第2回		情報分析方法の説明
第3回	第1ラウンド 特定課題分析	分析グループ 1-A による発表
第4回		分析グループ 1-B による発表
第5回		分析グループ 1-C による発表
第6回		分析グループ 1-D による発表
第7回	第2ラウンド 自由課題分析	分析グループ 2-A による発表
第8回		分析グループ 2-B による発表
第9回		分析グループ 2-C による発表
第10回		分析グループ 2-D による発表
第11回	第3ラウンド 情報発信体験	インタビュー調査
第12回		結果分析
第13回		最終発表 分析グループ 3-A&B
第14回		最終発表 分析グループ 3-C&D

および第4章参照)、発表サンプルのプレゼンテーションを視聴する。

　このプレゼンテーションは教員によって行われるが、これまでの授業で学生たちが行った分析のなかから高評価のものを使用することを推奨する。この時、教員は単に内容を説明するだけではなく、「ここは、出典が抜けていますね」「このスライドでは、上手に三角検証が行えています」「文献に偏りが見られますね」などと適宜解説を入れ、ポイントを押さえていく。具体的に示しながら解説することにより、受講生は理解を深めることができると同時に、分析結果のまとめ方についてイメージを持つことができる。

(2) 第1ラウンドおよび第2ラウンド

　第1ラウンド以降は、受講生の主体性や能動的探究を促進するために「完全反転学習形式」にて実施する。第1ラウンドでは、テーマを事前に与えられる「特定課題分析」に取り組む。四つのテーマのなかから各人が興味

関心のあるものを選択し、分析グループ1-A、1-B、1-C、1-Dに分かれる（1グループあたりの人数は5、6人が好ましい）。そして、これ以降の作業はグループワークとなる。

完全な反転学習であるため、各分析グループは自分たちが主体となってステージ1の「課題の全体像の把握」からステージ5の「最終判断に向けての考察」、プレゼンテーションの作成までを授業外にて行う。そして、授業内にて毎週一つの分析グループが40分程度の発表を行い、その発表に対する視聴者による評価および分析グループ内の相互評価、ならびに教員によるフィードバックが実施される（評価の詳細については次章参照）。受講生は、発表のみならず、他の分析グループによる発表を視聴し、客観的に評価することにより、5ステージ＆5アクションに対する理解を着実に深めていく。

第2ラウンドにおいては、第1ラウンドの実施方法と基本的には同様であるが、テーマの決定方法が異なる。「自由課題分析」として、受講生が自分たちで興味関心のあるテーマを決定する。この際、学生たちは抽象的で大きなテーマを選択する傾向にあるため、事前に教員と相談のうえ、適切なスケールのテーマを決定することが望ましい。

(3) 第3ラウンド

第2ラウンドまでは、受講生は情報の受信者として、さまざまな情報の分析に取り組むが、最終の第3ラウンドでは、逆の立場、すなわち情報発信側に立つ。ここでは、特定のテーマに関してインタビュー調査をグループ単位で実施し、その結果をもとに視聴者に提示するプレゼンテーションを作成する。これは、単に調査結果を報告する発表ではない。情報操作を実体験するのである（詳細は、「第3ラウンド：情報発信体験」にて後述する）。この第3ラウンドにおいても、プレゼンテーションの作成までは授業外で行い、発表や評価、教員によるフィードバックは授業内にて実施する。

このように、本授業では完全反転学習形式を用いて、情報受信者の立場からの情報分析と情報発信者の立場からの情報操作・発信をバランスよく

組み合わせることによって、受講生の情報分析力と主体性を鍛えている。受講生にとっては、作業量が多く大変であるが、この方法によって確実に高次思考力が身についていく。

　それでは以下に、各ラウンドにおける実践例を紹介する。

2　第1ラウンドおよび第2ラウンド：特定課題分析・自由課題分析

(1) 事前準備

　第1ラウンドにおけるテーマの決定とグループ分けは、第1回の導入講義の最後に行う。教員より四つのテーマを紹介したのち、各人が興味関心のあるものを選択し、各分析グループに分かれる。そして、リーダーとサブリーダーを決め、連絡手段を確立する。その後、グループメンバー全員の時間割や予定を突き合わせ、発表までのスケジュールを作成する。

　第2ラウンドでは、第1ラウンドの三つ目の分析グループによる発表が終了したあとにテーマの決定とグループ分けを行う。その方法は、まず各人が興味関心のあるキーワードを黒板に書き出すことから始める。「香港デモ」「黒人差別」「外国人労働者」「北方領土問題」など、さまざまなキーワードが並ぶ。ある程度の数のキーワードが出たところで、1人につき3択までのルールで投票し、総数の多い上位四つに絞る。そして、この四つのキーワードのなかから、各人が分析したいと思うものに挙手し、5、6人の分析グループを四つ作る。その後の流れは、第1ラウンドと同様である。

(2) 授業外における探究活動

　テーマおよびグループの決定後は、リーダーとサブリーダーを中心に、授業外にてグループで協力しながら発表までの準備を進めていくことになる。空きコマや放課後に集まり、進捗確認や議論を行うグループ、平日は各自の作業を進めることに徹し、週末に議論を行うグループなど、グループによってその方法は異なる。

　　「どうやって進めていく？」

「んー……やっぱり得意分野を生かした方が良くない?」
「そうやな、じゃあ私、経済学部やし、経済分野のこと調べてみるわ」
「じゃあ、俺は法学部やから政治関係担当する」
「英語文献にもあたらなあかん……誰がやる……?」
「……」
「ここはやっぱり国際学部やろ!　な、お願い!」
「そうくると思った!　頑張るわ」

　本授業は全学部生を対象にしているため、さまざまな学部の学生が受講する。それゆえ、上記のように各人の得意分野を生かして取り組むところもある。グループに留学生がいる場合は、文献調査の範囲を拡大させることができる。とりわけ、その留学生の出身国が担当のテーマに絡む場合は、当事国において扱われている情報へのアクセスが容易になる。他方、日本人学生であっても、最近は翻訳ソフトの機能が向上していることから、それらを利用して英語以外の外国語文献にあたることも可能である。この期間において、教員によるアドバイスが必要な時は、随時教員に連絡を取って指導を仰ぐ。
　このように、受講生たちは限られた時間のなかで最大限のパフォーマンスを発揮できるように、自分たちの強みを生かしながら他者と協力する。この授業では情報分析力の修得のみならず、副次効果としてチームワークや協調性、タイムマネジメントや自己管理能力も身につけることができる。

(3) 授業内における探究活動

　プレゼンテーションは、授業内に行われる。発表者は、この日のために全力で情報分析に取り組んできており、緊張とやる気が入り混じった表情で教室に入ってくる。他のグループよりも早く到着し、パソコンを起動させる。「リマインドやけど、ここの説明の仕方、注意してな」「こういう質問されたら、こうやって答えればいいやんな?」「タイムキーパー頼むで」──最終確認に余念がない発表者たち。
　チャイムが鳴り、いよいよ授業開始。1コマ分の授業の流れは次の通り

である。
1) 教員によるイントロダクション、前週の評価レポートに関するフィードバック（5分）
2) 分析グループによるプレゼンテーション（40分）
3) 評価のための質疑応答（10分）
4) 視聴者による評価および発表グループ内の評価（15分）
5) 教員によるフィードバック（10分）
6) 本時における学びの記入（10分）
7) 発表者：視聴者による評価の受け取り・教員によるフィードバック（10分）
視聴者：自分たちの発表の準備

発表グループによるプレゼンテーション

まず、前週の評価レポートに関する教員のフィードバックをもとに、全員で評価における重要ポイントを振り返る。そして、本時の発表の評価に用いる評価フォーマットを視聴者に配布する。全員の準備が整ったところで、発表者の真剣勝負が始まる。視聴者は、適宜メモを取りながら、一つひとつのポイントを押さえていく。あっという間の40分である。

質疑応答

発表終了後、すぐに質疑応答に移る。国際情報分析における質疑応答では、何でも質問して良いわけではない。視聴者は、発表を評価するという観点から、曖昧な点や確認したい点について質問することが求められる。以下は、質問の良い例と悪い例である。

〈良い例〉
- 「スライド15枚目では、出典が記されていなかったのですが、出典情報を教えてもらえますか」
- 「発表では……と言っていましたが、……という理由で判断して良いのか疑問に思いました。このように考えるにいたった参考文献等があれば教えてもらえますか」

- 「スライド20枚目から22枚目は、一つの文献に頼っているように見えるのですが、他の方法でその情報が述べていることを検証されたのでしょうか」

〈悪い例〉
- 「……についての理解を深めることができました。この問題を解決するためには、どのような対策が考えられると思いますか」
- 「……についてあらためて知ると、素晴らしい制度だと思いました。日本も導入すべきだと考えますが、導入していないのが現状です。これには何か理由があるのでしょうか」
- 「A国がB国に対してそのような反応を示したのは、許せないと思いますか」

　評価の観点からの質問になっていない場合は、教員がその旨を伝えて軌道修正をしたり、質問の整理を行ったりする。その際、適切なタイミングで指導することがポイントである。クラスのレベルが上がると、質問のクオリティも高くなる。教育歴の長い教員になると、質問の内容を聞くだけで、クラス全体のおおよその情報分析力を把握することができる。この10分という短い時間に、さまざまなヒントが眠っており、受講生・教員の双方にとって極めて重要な時間である。

評価
　続いて、評価の時間に移る。国際情報分析の特徴の一つとして挙げられるのが、多重評価である。
　まず、視聴者は5アクションと同じ観点からプレゼンテーションの評価を、発表者は分析グループ内の相互評価、すなわちグループメンバー一人ひとりの貢献度についての評価を、それぞれの評価フォーマットに記入する（詳細は第6章参照）。その際、分析グループ内評価のメンバーが、グループメンバーに対する率直な評価ができるように、それぞれできるだけ離れて席に座るように指示を出す。そして、教員は机間巡視を行いながら記入

状況を確認し、時間が来たら筆記用具を机の上に置くよう指示する。

教員によるフィードバック
　教員のフィードバックは、視聴者の評価と同様に、5アクションと同じ観点から行われる。良かった点や改善点、アドバイスなどを丁寧かつ的確に説明する。このフィードバックを聞くことにより、視聴者は自身が行った評価を、発表者は自身のプレゼンテーションを振り返ることができる。

本時における学びの記入
　評価フォーマットの下部には、本時における学びを記入する欄がある。ここには、「……について知識を深めることができて良かった」「今回のテーマに関する私の意見は……」というような感想を書くのではなく、情報分析の観点から記入する。たとえば、「スライド28の分析方法は……という点が優れており、参考にしたい」「スライド47の分析は、……にした方が良かったのではないか」など。また、自身が行った評価と教員のフィードバックを比較した際の気づきや学びをまとめることも肝要である。

発表者への視聴者による評価の開示
　視聴者による評価は、本時における学びを記入した評価フォーマットを回収したのち、名前を伏せた形で発表者に開示される。

　「よっしゃー！　10点満点や！」
　「ほんまや！　こっちも9点！　最後まで諦めずに明け方まで頑張った甲斐あったな」

　「えー！　何でこんな点数なん!?　めっちゃ頑張ったのにー」
　「見て見て、ここの指摘。的確やわ。もう少し工夫すれば良かった」

　グループによって反応はさまざまだ。この時間は、発表者と教員だけの時間でもある。発表者の苦労話や本音に微笑みながら耳を傾ける。そして、

彼らの頑張りを十分に評価したうえで、より詳細な助言を与える。質問にも丁寧に対応する。教員にとってもこの時間は重要であるため、授業後にゆとりがある時間帯に時間割を組むようにしている（関学の場合、チャペルアワー前の１時限、お昼休み前の２時限、最後の授業時間帯の５時限などである）。

　「めっちゃ疲れたけど、楽しかった！　今日はみんなで打ち上げ行くでー」
　「先生、今回めっちゃ悔しい思いしたから、次もっと頑張ります」
　「次回に向けてもっとアドバイスをいただきたいんで、あとで研究室に伺ってもいいですか」

　受講生たちの成長がひしひしと伝わってくる。彼らの学びに対する意識、そして探究心は、確実に向上している、そう確信する時間である。

3　第３ラウンド：情報発信体験

(1) 初めての情報操作

　第３ラウンドではこれまでとは逆の立場、すなわち情報発信者側に立つ。学内外でのインタビュー調査にて収集したデータを用いて情報発信を行うことにより、情報の歪みやすさや、歪めやすさについて実体験を通して学ぶ。ここでのポイントとして、まず、各分析グループは、調査の問いに対する仮説への「肯定派」と「否定派」の二つの小グループに分かれる。そして、データの収集を合同で行い、同じデータを使用しながら、結論は両小グループで正反対のプレゼンテーションを行う。

　たとえば、「日本人は優しいか」というテーマを取り扱うとしよう。グループ全員で、このテーマに関する質問項目を作成し、インタビュー調査を実施する。ここから二手に分かれ、収集データを整理したのち、「肯定派」と「否定派」というインタビュー調査結果を示しつつ、他の情報をつけ加えながらプレゼンテーションを作成する。

授業内での発表後、どちらの発表に納得したかを視聴者に投票させ、より多くの票を得た小グループが勝者となる。そして、勝者にはボーナスポイントが付与される。つまり、第3ラウンドにおける発表では、いかに自分たちの意見に都合の良い情報を見つけ出し、それらを組み合わせてストーリーを上手く構築するか、聞き手の感情を揺さぶり、共感させるかに取り組み、情報を意図的に操作することを実体験する。

これまで根拠の有無や論理性・妥当性などを厳格に評価するトレーニングを行ってきているため、都合の良い情報を集めた誘導型の発表を行うことに戸惑いを感じる受講生もなかには存在する。しかし、情報発信者側に立ち、実際に情報操作を経験することによって、受講生は情報がどのように作られていくのか、あるいは、歪められるのか、といったことをより深く理解できるようになる。一種のゲーム感覚で行えるため、受講生たちは楽しみながら取り組んでいる。

(2) インタビュー調査

インタビュー調査は、独立行政法人国際協力機構（Japan International Cooperation Agency：JICA）JICA関西で学ぶ開発途上国出身の研修員、または、関学内の留学生を対象に行っており、テーマは受講生が自由に選ぶこととしている。テーマの例は、以下の通りである。

JICA研修員に対するインタビュー調査のテーマ
「開発途上国において環境問題に対する対策と国を発展させるための経済対策は両立するか」
「援助は今後も必要か、それとも近い将来終えるべきか」
「二国間援助と多国間援助は、どちらの方が効果的か」
「技術協力と資金協力は、どちらの方が効果的か」

関学の留学生に対するインタビュー調査のテーマ
「日本人は勤勉か」
「日本人は時間に厳しいか」

インタビュー調査の内容を考える学生たち

「日本企業に就職したいか」
「将来は日本に住みたいか」

(3) 本気で取り組む受講生たち

　この第3ラウンドにおいても、非常に凝った発表を行う小グループが存在する。たとえば、「日本人は優しいか」をテーマにしていた否定派の小グループは、インタビューの回答者である留学生に、SNS上にて芝居をするよう依頼し、その芝居部分の会話をスクリーンショットして、それらをプレゼンテーションのなかに組み込んでいた。その会話は、以下のようなものである。

　受講生「Thank you so much for answering our interview today!」
　留学生「No problem! You can ask me any questions anytime, but……」
　受講生「What's wrong?」
　留学生「To be honest, it was difficult to answer "No" because interviewers were Japanese…… if there were only you and me, I could talk honestly, but there were other Japanese students as well, so……」

　インタビュー調査の結果では、回答の半数以上が「Yes」であったため、

その結果を覆すために、彼らは必死に考え、上記の会話を作成することを思いついたのであった。この会話を視聴者に見せることにより、インタビュー調査結果の妥当性を疑問視させようとする作戦である。その後、彼らは他のデータや文献を引用し、「日本人は優しくない」という論を展開していく。

このグループの発表後、発表者と視聴者とのあいだに、次のような会話があった。

発表者　「悔しいー！　せっかく偽の会話まで作ったのにー」
視聴者1　「え、あれ偽やったん？　全然気づかんかった……。リアル感満載やったし」
視聴者2　「私も普通に信じてた！　そのあとのデータとも整合性があったし。情報って簡単に操作できるねんなぁ……」
教員　　「だから情報は、鵜呑みにしてはいけないんです。自分の頭で考え、情報を冷静に分析する。そのうえで、判断する。ありとあらゆる情報があふれる社会のなかで生きる私たちは、今こそ情報分析力を身につけるべきなのです」

4　授業履修後の受講生によるリアルな声

　自分たちで情報を収集・分析し、グループで議論しながら一つのプレゼンテーションにまとめることや、インタビュー調査を実施して情報操作を行い発表することは、容易ではない。ゆえに、受講生からは「作業量が多い」「とても大変」「関学のなかで最も過酷な授業の一つ」といった声が聞こえてくる。しかし、その分、これまでにない達成感や、探究することの楽しさを味わうことができる。情報分析の意義や楽しさに一度気づくと、受講生たちは無我夢中になり、自主的に情報分析合宿を実施したり、100枚以上のスライドを作成してきたりするグループも出てくる（過去最高は203枚！　発表者の熱意とエネルギーは高く評価できるが、コロナ禍における初の遠隔授業ということもあり、視聴者側は大変だったようだ）。

ここでは、そのような受講生たちの感想を共有しておきたい。

- この授業は、今後グローバル社会、そして情報があふれた社会のなかで生きていく私たちにとって非常に価値のある授業であると思います。無限にある情報から一部を引っ張り出し、それを鵜呑みにしてしまうのではなく、「それって本当に正しいの？」という考えを持って情報と向き合う姿勢は、今後の研究活動、社会人としての取り組みにおいてもきっと役に立つと思います。一つのプレゼンテーションを作り上げるためにたくさんの文献やサイトから情報を集め、グループメンバーと何度も集まり連絡を取り合いました。他の授業に比べれば格段に作業量が多く、大変ではありましたが、大学生として学ぶべきことを学べたと思います。
- この授業が、他のどこで取っている授業よりも、今後必要になる力を向上できたと思う。グループワークのため、コミュニケーション能力やイニシアチブを取る力がついた。何より、勉強をすることが楽しいと思えたし、やればやるほど達成感を感じることができた。もっとこのような授業が増えればと思った。
- この講義は、私が受けた授業のなかで最もつらいと感じた授業の一つでしたが、それ以上に得られたものが大きい授業でした。自らが主体的に学んでいき、答えに近づくためにはどのような方法で検証するのか。本、新聞、ネットの記事など、多くの文献にあたりました。また、他学部の人と何度も集まって話し合いをすることで、自分のディスカッション能力を試すこともできました。期日までにどの程度スライドを完成させて、間に合わせるのか、といったマネジメント能力もついたように思います。これからの大学生活でも生かしていきたいです。
- 主観を交えないように事実を分析していくことにおもしろさを感じた。この講義を通して分析力は言わずもがな、苦手とする班での協力も進んでできるようになった気がする。また、他班の結論を、本当にそれが正解なのかどうなのか再度分析することで、よりこの講

義の楽しさを見出せた。
- 情報というのは更新されていくものなので、古いソースによって出された結論が、新しく出た文献などによって、いとも簡単に覆されてしまったり、また、よくわからなかった部分の辻褄が合ったりするので、情報分析をする時は、その情報源が正しいかどうかだけではなく、その新しさも重要であると学んだ。一つの情報ですべてがつながる、すべて辻褄が合うといったところに情報分析のおもしろさを感じた。
- 確かに授業は大変だったけれど、大変だと思った割合が5だとすれば、達成感は100くらいあった。ただただ授業を聞くだけの講義より、こうやって主体的に学んでいく方が身につくと感じた。今学期で一番ためになった授業だと思った。
- 今回分析することで、本当は世界で何が起こっていたのか、そしてその背景に何があったのか、今まで知ろうとしなかったことが知ってみたらすごくおもしろく、新しい世界が見えたなぁと思いました。そして、調べていくなかで、ディスカッションなどを通し、学びに対するおもしろさも感じました。難しいことをみんなで取り組めた充実感は今までにないくらい良かったです。
- この授業を取るまでは、国際情報の分析について何の知識もなく、ニュースを見ても「そうなんだー」で終わっていたのですが、今回自分たちで調べてみると、調べれば調べるほどいろいろなことが浮き彫りにされてくることで、一つのことを探究することがとてもおもしろいことだなと思えるようになりました。国際社会についてとても興味を持つことができました。
- 文献を何冊も読み、それぞれの文献の意見を議論していくなかで、意見が分かれ、結論が変わり大変でした。しかし、最初はあまり興味を持てず難しいとだけ感じていましたが、調べ、議論を深めるなかで、さまざまな意見や背景などに振り回され、おもしろいと感じられるようになっていたことが自分でも不思議です。大変さは格別でしたが、今は達成感も格別です。

- 情報を自分の都合の良い方にもっていく方が、情報の分析よりも簡単だと感じたし、私たちでもこんなに圧勝できるほど人を流せるのはすごいと思ったと同時に、怖いとも思いました。
- 他の授業では感じたことのない達成感がありました。今回履修した科目のなかで一番大変でしたが、情報に対して見る目ががらりと変わったので、これから生かしていこうと思います。
- この授業を通して、自分の「当たり前」に対して不安を感じるようになった。誤った考え方で自分を形成している可能性がある。(中略)今後自分の情報に対する向き合い方によって、自分自身が大きく変わるだろうと感じた。私は偽りのない現実を知り、誠実に正面から向き合える人になりたいと感じた。

第6章

学習者参加型の評価方法を用いた理解促進の仕組み

辻　彩・芦田明美

　授業のなかで「評価」という言葉を聞くと、読者の多くはその授業を受講する学習者が指導者より受ける、授業後の成績評価を思い浮かべることだろう。指導者は評価を行う側、学習者は評価を受ける側、といった考えが、小学校から大学までの学校での経験を通して染みついているように感じる。

　国際情報分析で用いる評価は、単に学習者の学習達成度を測るものではない。評価を行うという行為によって、学習者の受ける教育の効果を高めることにもつながるものである。それは、単に評価の結果を用いて指導方法や教材を見直すことや、学習者自身が自身の勉強法を振り返ることではない。国際情報分析で用いる評価は、指導者から受講者への一方的になされる成績づけのようなものではなく、学習者自身も評価に参加することで評価を行う側の視点に立ち、そのプロセスを経験することを意図して設計されている。

1　多重評価

　国際情報分析では、以下に示す複数の評価方法を、段階を踏んで行い、最終的な総合評価につなげている。一つ目には、「視聴者によるプレゼンテーションの評価」、二つ目には「分析グループ内の相互評価」、三つ目は「視聴者によるプレゼンテーションの評価と、分析グループ内の相互評価を踏まえた、個人評価についてのメタ評価」、最後に「視聴者によるプレゼンテーションの評価と、分析グループ内の相互評価を組み合わせた、プレゼンテーションに対する個人評価」である。ここでは、この複数の評価方法をまと

めて多重評価とし、説明していく。

(1) 視聴者によるプレゼンテーションの評価

多重評価の一つ目、「視聴者によるプレゼンテーションの評価」とは、「根拠の検証」「背景の把握」「利害関係の把握」「論理性・妥当性の検証」「三角検証」からなる国際情報分析の5アクションの視点に基づいて、視聴者が分析結果についてのプレゼンテーションを評価するものである。評価の際には、この1アクションをそれぞれ2点満点、合計10点満点に設定し、96ページの評価フォーマット①を用いる。この2点満点の1アクションに対して、視聴者は0.5点ぐらいの得点の刻みで評価を行うと良い（例：0.5点、1.0点、1.5点、2点となる）。

ここで注意しておくべきなのは、視聴者は単にプレゼンテーションを注意深く視聴するにとどまってはならないという点である。この評価のプロセスを通じて、先に講義で学んだ5アクションを、同じクラスの他の受講生がどのように行ったのかを客観的に評価し、視聴者自身が講義内容の理解をさらに深めることが期待されている。

また、指導者は提示される点数以上に、その点数の根拠に注意を払う必要がある。受講生である視聴者から、プレゼンテーションに対して的外れな根拠が示されている場合には、具体的に視聴者本人にフィードバックすることが求められる。特に、クラス全体で同じような傾向がある場合には、再度プレゼンテーションの例を用いて、5アクションの一つひとつをよりわかりやすく分解して説明し、正しい理解を促す必要がある。

(2) 分析グループ内の相互評価

二つ目の評価方法である「分析グループ内の相互評価」とは、メンバー個々人の評価を同じグループのメンバー同士が行う評価である。ここでは、分析グループに評価フォーマット②を配り、自分以外のメンバーのプレゼンテーションへの貢献度を10点満点で評価させる。当日の発表での役割分担にとどまらず、プレゼンテーションの形に仕上げるまでの過程やグループワーク中の取り組みや態度なども含めた、総合的な相互評価につ

いて根拠を持って書き出させる。その際、率直に他のメンバーを評価させるため、必ず記載情報を指導者以外に見られない、外に漏らさない環境を設定する必要がある。

　昨今のアクティブラーニング推奨の流れもあり、グループワークはさまざまな授業で用いられる手法の一つである。ただし、グループワークの実施にあたっては、さまざまなトラブルが生じ得ることも忘れてはならない。たとえば、わずか4－6人程度のグループのなかに、参加意欲の低い者が混ざっていれば、他のメンバーにそのしわ寄せがいきやすい。このような場合、グループに対する評価がグループメンバー全員の評価となってしまうと、時間と労力をかけて懸命に取り組んだ者の意欲は容易に低下してしまうだろう。

　国際情報分析の手順にしたがって、より具体的なトラブルの例を紹介する。グループメンバーが分担し、調査・分析を行うことが多いステージ3において、取り組みが消極的なメンバーがいたとしよう。彼（彼女）はこのステージ3において、十分な量や質の情報を調査してこなかっただけでなく、度々授業時間外におけるグループでの議論に遅刻したり欠席したりした。ステージ4および5では、個別に収集・分析した情報を持ち寄り、グループで議論することになるが、ステージ3で十分な情報を集められなければ、当然グループでの議論が滞る。このような彼（彼女）の振る舞いやグループワークへの姿勢により、メンバー間の情報分析への取り組みの熱量に差が生じた。そして、情報分析は進まず、限られた時間のなかでなんとか発表の形に仕上げることに優先順位が置かれた。そのような経緯を経てなされた発表では、ステージ4で導き出される仮の結論とそれに続く最終結論は、論理性や妥当性の欠けたものとなり、説得力に乏しいものができあがってしまった。当然、グループメンバー全員が納得できるものではなく、他のメンバーは不完全燃焼のまま、グループワークを終えた。

　このようなケースが実際に生じるからこそ、指導者はグループ全体の評価と共に、個別の評価を行う必要がある。また、指導者は、「分析グループ内の相互評価」結果においてその点数の根拠に注意を払うことで、グループワークの成果物であるプレゼンテーションの完成度の理由やその背景を把握することができる。

【評価フォーマット①視聴者による評価】

「国際情報分析」　　　第　　回目　　　年　　月　　日

学部：＿＿＿＿＿＿＿＿学生番号：＿＿＿＿＿＿＿氏名：＿＿＿＿＿＿

演題：＿＿＿＿＿＿＿＿＿＿＿＿＿＿＿＿＿＿＿＿＿＿＿＿＿＿＿＿

発表者：＿＿＿＿＿＿＿＿＿＿＿＿＿＿＿＿＿＿＿＿＿＿＿＿＿＿＿

1. 評価（10点満点）とその根拠

合　計　＿＿＿/10点	根　　拠
根拠の検証　　　＿＿＿/2点	
背景の把握　　　＿＿＿/2点	
利害関係の把握　＿＿＿/2点	
論理性・妥当性の検証＿＿＿/2点	
三角検証　　　　＿＿＿/2点	

2. 今日のプレゼンテーションを視聴して学んだことと感想

【評価フォーマット②分析グループ内の相互評価】

「国際情報分析」　　　第　　回目　　年　月　日

学部：＿＿＿＿＿＿＿＿学生番号：＿＿＿＿＿＿＿＿氏名：＿＿＿＿＿＿

演題：＿＿＿＿＿＿＿＿＿＿＿＿＿＿＿＿＿＿＿＿＿＿＿＿＿＿＿＿＿＿

発表者：＿＿＿＿＿＿＿＿＿＿＿＿＿＿＿＿＿＿＿＿＿＿＿＿＿＿＿＿＿

1. 分析グループメンバー内評価（10点満点）とその根拠

氏　名　　　点数	根　　拠
＿＿＿＿＿　＿＿/10点	
＿＿＿＿＿　＿＿/10点	
＿＿＿＿＿　＿＿/10点	
＿＿＿＿＿　＿＿/10点	
＿＿＿＿＿　＿＿/10点	
＿＿＿＿＿　＿＿/10点	

2. 今日のプレゼンテーションを準備して学んだことと感想

氏名　　　点

(3) 指導者による上記①と②の個人評価についてのメタ評価

　三つ目の評価方法、「視聴者によるプレゼンテーションの評価と、分析グループ内の相互評価を踏まえた、個人評価についてのメタ評価」では、上記二つの評価結果をもとに行うが、ここではその方法をメタ評価[1]と表現する。このメタ評価では、指導者から、①視聴者によるプレゼンテーションの評価と、②分析グループ内の相互評価のレポートの二つのレポートに対する10点満点の評価がなされる。これらは各人のレポート点となるが、特に指導者はこのレポート①において、他の受講生からの評価が妥当か、点数やその根拠を確認し、関連性の見られない回答となっていないかどうかを検討する必要がある。また、レポート②においては、同じグループの他のメンバーからつけられた評価の平均点をもとに、本人の学びについての記述、本人が担当したプレゼンテーションの完成度を踏まえて、指導者は10点満点で評価をする。

(4) 上記①と②を組み合わせたプレゼンテーションの個人評価

　最後に、「視聴者によるプレゼンテーションの評価と、分析グループ内の相互評価を組み合わせた、プレゼンテーションに対する個人評価」である。この評価方法は、指導者による10点満点のプレゼンテーションの個人評価を導き出すものであり、分析を行ったグループメンバー各個人のプレゼンテーションへの貢献度を評価することを目的とする。その際、①の視聴者によるプレゼンテーション評価と、②の分析グループ内評価の二つを組み合わせて用いる。特に、①では視聴者の評価点の平均値を算出し、指導者から見てこの数値が妥当であるかどうか検討する。たとえば、点数が厳しすぎる、甘すぎる等、この数値に偏りがあると見られる場合には、メタ評価として指導者が点数の補正を加える。この点数補正による修正幅は、0.1刻みで最大±1.0程度までとすることが望ましい。

---

[1] メタ評価は、「一連の評価結果を集計することを意図した評価」である（外務省 2018）、と捉えるとわかりやすいだろう。

第 6 章　学習者参加型の評価方法を用いた理解促進の仕組み

	A	B	C	D	E	F	G	H
1	グループ内評価							
2		テーマ:コロナウイルスはマスクで防げるというのは本当か？						
3								
4		視聴者によるプレゼンテーション評価					7.2	
5		メタ評価による補正後の評価					8.2	
6								
7			Aさん	Bさん	Cさん	Dさん	Eさん	グループ平均
8	①	Aさんによる評価		8	9	8	7	
9	②	Bさんによる評価	8		10	10	7	
10	③	Cさんによる評価	8	9		9	7	
11	④	Dさんによる評価	9	10	10		8	
12	⑤	Eさんによる評価	7	8	9	8		
13		平均	8.0	8.8	9.5	8.8	7.3	8.5
14		評価	7.8	8.5	=+$G$5/$H$13*E13			

図 6-1　個々人のプレゼンテーションの評価点の算出
出典：山田・關谷（2021, p. 110）

　次の図 6-1 は、①と②のクロス評価を行った Excel シートである。G4 のセルには、視聴者によるプレゼンテーションの評価点が算出されているが、これに対して、指導者はプレゼンテーションの評価として視聴者が出したこの評価点は厳しすぎると判断し、メタ評価として＋1.0 点の補正を行った。そのため、G5 のセルにはメタ評価後のプレゼンテーションの評価として 8.2 点が記録されている。つまり、この①の視聴者によるプレゼンテーション点（8.2 点）が、分析したメンバー全員に対する共通の評価となる。

　②分析グループ内の相互評価から全員の平均点を算出する方法について、再度、図 6-1 を用いて説明する。まず、C 列の C9 から C12 のセルには、A さんに対する他のグループメンバーがつけた評価点が記録されている。同じく、C 列の C13 のセルには、グループメンバーの A さんに対する評価の平均点が算出されており、A さんの場合、グループメンバーからの評価平均点は「8.0」点である。

　同様に算出した B さんの評価点の平均値は D 列の D13 のセルに、C さんの平均値は E 列の E13 のセルに、D さんは F13、E さんは G13 のセルに入力されている。これら、各人の平均値を用いてグループの平均値とし

て算出したものが、H13のセルに示されている「8.5」点である。国際情報分析のグループワークの際には、その時の受講者の人数、またグループ数によってしばしば1グループあたりの人数が異なる場合がある。グループごとの人数に違いがあったとしても、個々人の貢献度合いが適切に比較できるようにするため、グループの平均値を算出する。

最後に、各人の貢献度を算出するため、グループ平均点「8.5」（H13）で、①でメタ評価済みの視聴者によるプレゼンテーションの評価点「8.2」（G5）を割り、C13に示したAさんの平均点「8.0」をかける。これで、Aさんの貢献度が算出され、同様の方法にてBさんからEさんまで算出する。これにより、①視聴者によるプレゼンテーションの評価と、②分析グループ内の相互評価を組み合わせた、発表者のプレゼンテーションに対する個人評価が算出される。

2　評価のタイミングと留意点

国際情報分析では、評価の取り組みは授業のなかに組み込まれており、それは受講者が評価を通じてより深い理解を得るためである。それぞれの評価のタイミングは明確に設定されているため、必ず次に示すタイミングにて実施する必要がある。

(1) 視聴者によるプレゼンテーションの評価

一つ目の「視聴者によるプレゼンテーションの評価」は、視聴者がプレゼンテーションを視聴し、評価に必要となるポイントを確認するための質疑応答を終えた直後の、授業時間内で実施する。

(2) 分析グループ内の相互評価

二つ目の「分析グループ内の相互評価」では、視聴者が一つ目の評価、「視聴者によるプレゼンテーションの評価」を記入している時に並行して実施する。その際、分析グループメンバー同士にそれぞれの記入内容が見えないよう、教室の離れた席に着席させ、実施させる。

(3) 指導者による上記①と②の個人評価についてのメタ評価

　視聴者と発表者がそれぞれのフォーマット①、②への評価の記入を終えた時点で、筆記用具を机の上に置かせる。その後、指導者は5アクションの観点から、分析結果をまとめたプレゼンテーションに対する総評として全体にフィードバックする。この時の留意点は、評価の記入時間が終了した後、受講者にはフォーマットの評価欄に一切の追記もさせてはいけないという点である。もし、追記を認めてしまえば、受講者の5アクションについての理解度を適切に判断できなくなってしまう恐れがある。

　そして、指導者による総評の後に、授業内における個々の受講者の学びを記載させる。この際の留意点としては、特にプレゼンテーションの視聴者には、自身が記載した評価と指導者による総評の相違点について、よく検討させるようにすることである。なぜなら、点数の乖離が少なければ、5アクションの理解ができていることを意味し、点数の乖離が大きければ、視聴者による理解が間違っている可能性が高いからである。

　指導者はこの点についての呼びかけを視聴者に対して行い、視聴者自身の振り返りを促すことが望ましい。最後に、視聴者は評価レポートとして評価フォーマット①を提出し、発表者は評価フォーマット②を提出する。これで授業は終了となる。

　授業内での指導者によるフィードバックはあくまで総評にとどまり、この時点では三つの目のメタ評価までは行うことが難しい。なぜなら、紙のフォーマットで配布し、受講者に記載させる場合、この時点で受講者の書き込んでいる情報を指導者が知ることはできない。したがって、この時点での指導者からのメタ評価はできないことから、メタ評価は授業後に行うことが望ましい。また、すべての活動をオンライン上で行い、システムを組んで自動で点数計算を実施できる環境であれば、①視聴者によるプレゼンテーションの評価、②分析グループ内の相互評価の二つの評価が終了した時点で、指導者の手元に、それらの成績一覧が表示されるようにすることも可能である。しかしながら、受講者による評価の記入終了と同時に、即座に指導者が各視聴者の評価の根拠まで読み込み、総評を行うことは難

しいと考えられる。このことから、オンラインでの実施環境であっても、メタ評価は授業後の実施が適切である。

　授業後、なるべく早く発表者には、視聴者から提出された評価フォーマット①を確認させる。オンラインシステムの場合は、氏名を伏せた形で評価フォーマット①が閲覧可能になるように設定し、紙でのフォーマット配布の場合には、指導者がコピーを取り、視聴者の氏名の部分をカットしたうえで、発表者に提示する。いずれの場合においても、あまり時間を置かずに視聴者からどのような評価がなされたのかを発表者が理解し、自分たちの分析の反省材料として次の分析に生かすことができるようにするのが肝心である。この際、指導者は発表者に対して、その頑張りを十分に評価したうえで、より詳細な助言を与えるようにすることが望ましい。

(4) 上記①と②を組み合わせたプレゼンテーションの個人評価

　最後の、「視聴者によるプレゼンテーションの評価と、分析グループ内の相互評価を組み合わせた、プレゼンテーションに対する個人評価」は、指導者が授業後に評価フォーマット①と②のレポートをメタ評価した後に行う。

(5) 第3ラウンドにおける評価

　第3ラウンドでは、情報の受け取り手としてではなく発信者側としての体験を行う。ここでは、受講者は情報操作を実体験し、情報の歪みやすさや、歪めやすさについて学ぶことになるため[2]、これまでの二つのラウンドで用いた評価方法は行わない。

　第3ラウンドでは、視聴者側と発表者側でそれぞれ、学びのレポートを提出する。これは、視聴者がプレゼンテーションを視聴し、評価に必要なポイントを知るための質疑応答を行った直後に行う。この学びのレポートには、以下に挙げるヒントを参考に次の観点を盛り込ませ、具体的な振り返りを促す。

2　学習内容の詳細については、第5章「第3ラウンド：情報発信体験」を参照されたい。

> **視聴者側**
> 　元は同じ事実（情報）なのに、なぜ結論は異なるのか。5アクションから考えさせる。
>
> **発表者側**
> 　なぜ視聴者を操作できたのか（できなかったのか）。
>
> ※ヒント
> - 情報の根拠や信憑性に変化が生じたのか（根拠）
> - 背景の説明などが影響したのか（背景）
> - 利害関係などが影響したのか（利害）
> - 説明や解説の論理が異なるのか（論理性・妥当性）
> - 追加された情報が影響したのか（第三の視点）

出典：山田・關谷（2021, p. 113）

〈参考文献一覧〉

外務省，2018，「評価関連用語」『ODA（政府開発援助）』
　　　https://www.mofa.go.jp/mofaj/gaiko/oda/kaikaku/hyoka/sanko_siryo.html（最終閲覧日：2024年5月4日）

山田好一・關谷武司，2021，「第5章『評価』という理解促進の仕組み」關谷武司編『インフォメーション・アナリシス 5&5 ――世界が変わる学びの革命』関西学院大学出版会，105-113.

第7章

高等学校における集中演習形式での実践ガイドラインおよび実践事例

樋口祥子・中村静香

　本章では、高校生を対象に集中演習形式で実施する事例を用いて、国際情報分析の実践にあたってのガイドラインを提示する。高校生向けの国際情報分析は、一泊二日の集中演習形式にて実施される。また、その実施にあたっては事前準備や施設・設備の整備などの入念な環境設定が求められ、モデレーター、サブモデレーター、後方支援担当などの授業提供者と協力者のスムーズな連携も必要となる。はじめに、モデレーターおよびサブモデレーターに従事する際に留意しておくべきポイントや心構えを詳細に提示したのち、2020年1月に京都府内の高校2年生を対象に実施した「国際情報分析」合宿での実践事例を取り上げ、「5ステージ＆5アクション」の手順に沿って生徒らが取り組んだ実践について、サブモデレーターの視点から解説する。

1　実践ガイドライン――事前準備と実施体制

(1) 実施者の役割

　高校生を対象に国際情報分析を集中演習形式で実施する場合、全体を統括するモデレーターに加え、学習者である生徒の側で探究を支援するサブモデレーターと、学習環境の整備を行う後方支援担当を置く必要がある。また、見学者がいる場合には、その存在によって生徒の探究活動が妨げられないようにするための留意点についても示す。

モデレーター

　モデレーターとは、国際情報分析の全体（準備、実施、振り返り）を統括するリーダーである。準備段階では、自らサブモデレーターを選定し、指導を行う。高校で実施する場合には、実施校とコミュニケーションを取り各種の調整を行うのも、モデレーターの役割である。

　当日は、導入講義を実施し、情報分析力が必要とされる背景や、国際情報分析の手法を説明する。国際情報分析のステージ１以降は、各グループを巡回して全体の進捗に目を配り、タイムマネジメントを行う。具体的には、各サブモデレーターとの個別のコミュニケーションや、モデレーターとサブモデレーターによる全体ミーティングを適切なタイミングにて適宜実施する。それにより、各グループの進捗や様子をより詳細に把握することに努める必要がある。時には、サブモデレーターの相談に乗り、適切なアドバイスを行う。このように、モデレーターは、ステージ１以降は原則サブモデレーターの側面支援を行う形で全体を統括するが、学習者による探究が行き詰まったタイミングなどでは、必要に応じて学習者グループに対して直接思考を促す問いかけを行ったり、ヒントを与えたりすることもある。二日目の生徒による発表終了後には、総評を含めた振り返りの講義を実施する。

サブモデレーター

　一泊二日という短期間で高い学習効果を出すために、国際情報分析の手法の理解や円滑なグループワークをサポートするサブモデレーターを各グループに１人投入する。サブモデレーターは、ステージ１以降、学習者に直接接して探究を促す重要な役割を担うため、国際情報分析の手法のみならず、担当するグループに与えられたテーマへの十分な理解も求められる。このため、サブモデレーターには国際情報分析の手法を修得した大学生等を配置することが望ましい。

　サブモデレーターはモデレーターの指示を受けながら、担当するグループの探究を促す。その際、学習者に解を与えるのではなく、問いかけを通して生徒を導き、気づかせ、高次の思考を促すことに徹する。サブモデレー

ターの具体的な立ち位置をステージごとに示すと、ステージ1では、グループのなかに入って生徒と向き合って共に取り組む。ステージ2・3では、生徒と肩を並べて、生徒らの主体的な議論を促す。ステージ4・5では、グループの輪の外から生徒らの探究を見守り、必要に応じて、適宜生徒の相談に乗る形になる。

後方支援担当

当日の円滑なプログラム進行には、後方支援担当による舞台裏でのサポートが欠かせない。高校で実施する際には、通常教職員がその役割を担う。

集中演習形式の場合、宿泊や食事の手配が必要なほか、当日は学習者がステージに応じて教室間を移動することになるため、あらかじめ教室やパソコンルーム、図書館内の学習ルームを予約しておくことも求められる。また、必要機器や機材、インターネット接続のためのWi-Fiなどが問題なく使えるよう、事前準備と当日の対応を行う。

見学者

高校生向けに実施する際、実施校の教員や教育関係者などが見学に来られる場合がある。見学者の存在は学習者のモチベーションを刺激し、基本的にはプラスに働くことが多い。ただし、必ず避けなければならないのは、見学者から学習者への直接の介入である。特に教員という立場からは、悩む生徒を見ると手助けをしたくなるものである。また、生徒の方もよく知る先生が近くにいると頼りたくなるものである。しかし、国際情報分析の実施プロセスにおいて、モデレーター・サブモデレーター以外の者からの学習者への直接的な介入が行われると、本来目指している学習者の高次の思考を促すことができなくなる場合がある。そのため、見学者には直接的な介入を行わないよう、あらかじめ周知し、約束してもらうことが肝要である。

(2) 実施施設

 高校の校舎などの校内施設で行うケースと、ホテルや研修施設などの外部施設を利用するケースがある。高大接続の一環として大学で実施するという選択肢もあろう。校内・校外それぞれに利点と課題がある（表7-1）。

 どちらの環境で実施する場合においても、あらかじめそれぞれの利点と課題を理解しておくことが重要である。たとえば、実施校の校内施設など、学習者にとって慣れた環境であれば、探究活動を進めるなかで集中力が途切れてしまうことが多々ある。集中力の途切れや緊張感の緩みが見られた際には、モデレーターやサブモデレーターが適切なタイミングで学習者の動機づけを行う声かけをする。見学者の存在を利用して空気を変えることも考えられる。ここで、メリハリのない休憩やうたた寝を学習者に許してしまうと、逆効果になることもあるため、注意が必要である。他方で、ホテル、研修施設、大学などの外部施設で行い、学習者が慣れていない環境の場合には、後方支援担当の役割が重要になる。

表7-1 校内・校外における利点と課題

	例	利点	課題
校内	高校	・教室間移動や機器／設備の利用にあたり、プログラム進行に支障が生じにくい ・移動時間／コストを抑えられる	・慣れた環境ゆえ、集中力の途切れや緊張感の緩みが生じやすい
校外	ホテル、研修施設、大学など	・新しい環境で、学習者にほどよい緊張感が生まれる	・移動時間やコストが生じる ・場所の移動や機器／設備の利用においてトラブルが発生した場合に、プログラムの進行に支障が生じ得る

(3) 学習環境

 国際情報分析のステージ1以降は、書籍とインターネットからの情報をもとに探究を進める。そのため、学習者が図書館やインターネットへアクセスしやすい環境を確保することが重要である。

書籍

ステージ2・3において、校内や公営の図書館を自由に利用できる環境を用意するのが望ましい。図書館内の閲覧室を予約できる場合には、グループで書籍を吟味するためのスペースとして活用する。図書館が利用できない場合には、モデレーターが事前にテーマに応じた書籍を選定し、購入または借りた書籍を会場に持ち込む。持ち込み書籍の選定時には、主義主張に偏りがないよう、テーマに関する賛否両論の意見を踏まえてバランス良く選ぶことが肝心である。

インターネット

ステージ1-5およびプレゼンテーション資料準備の際には、インターネットにアクセスできる機器を利用する。学習者が機器を持っていない場合には、これらのステージをパソコンルームで実施することを推奨する。なお、スマートフォンでも情報検索は可能であるが、集中演習形式では短い時間で膨大な情報を取り扱うため、画面の小さい機器を使うことによって学習者が疲れやすいという難点があることから、推奨しない。

Wi-Fi環境にも最大の注意を払う必要がある。大人数が一斉にインターネットにアクセスすることになるため、特に校外で実施する際には、それに耐え得るスペックのWi-Fi環境の有無について事前の確認が必要となる。施設にWi-Fi自体がない場合や、その環境が脆弱である場合には、モバイルWi-Fiを持ち込むのも一案である。校内で実施する際にも、モデレーターやサブモデレーターを含む外部者が不自由なくインターネットにアクセスできるよう、事前に確認をすることが勧められる。

(4) 配布資料および必要な物品

配布資料

集中演習形式の場合、国際情報分析の手法の理解に時間を取られすぎないよう、以下の情報をあらかじめ紙に印刷し、各グループに配布する。グループワーク中に参照できるよう、適宜教室などに掲示しておくとよい。

- テーマ
- テーマを理解し、キーとなる情報を選択する際の助けになる象徴的なニュース記事のコピー（詳細は後述）
- グループでの情報分析プロセス
- 5ステージ・5アクション
- プレゼンテーション資料作成・発表のポイント
- プレゼンテーション評価のポイント
- プレゼンテーション資料のサンプル

必要物品

表7-2　必要物品リスト

	物品	数量の目安	備考
全体	プロジェクター、スクリーン（またはホワイトボード）	1セット	導入講義や発表時に利用。
各グループ	付箋	適量	書籍の参照箇所に添付する小さいものから、ブレインストーミングに利用する大きめのものまで、さまざまなサイズがあると便利。
	どこでもシート	1巻（25枚）	静電気を利用して壁や窓に貼って剥がせる白いシート。ホワイトボード代わりに活用。移動させやすいのも利点。
	ホワイトボードマーカー	人数分	学習者が一斉に調査結果などを書き出せるよう、黒色を人数分用意。色付マーカーも追加で数本準備できると、ホワイトボードの情報にメリハリをつけることができ、なお良い。
学習者	ノートパソコン／タブレット	各自	持ち歩ける機器を各自が利用できれば最適。ない場合にはパソコンルームなどを利用する。
	プレゼンテーションソフトウェア	各自	PowerPointやKeynoteなどが代表的。最新版をダウンロードできているか事前に確認する。Googleスライドを代用する方法もある。
	デジタルホワイトボード（任意）	各自	MiroやMicrosoft Whiteboardなどが代表的。使用する際は、最新版をダウンロードできているか事前に確認する。Googleスプレッドシートを代用する方法もある。
	筆記用具	各自	

国際情報分析では、生徒は膨大な情報を整理し分析することが求められる。それにあたって、表7-2に示す物品を活用することで、学習効率が上がることが期待できる。なお、近年インターネットを介して情報共有や共同作業を行うためのオンラインツールの発展が目覚ましい。ここでもその一例を示すが、実施者には常に最新の情報を吟味し、適宜、有用なツールを取り入れるようにしていただきたい。

2　実践にあたってキーとなるポイント

(1) テーマ設定

　高校生向けに国際情報分析を実施する場合、テーマはモデレーターが事前に用意し、実施日当日に生徒に提示する。テーマを設定する際、モデレーターはそのテーマが抽象的でないか、壮大すぎないかを、よく検討する必要がある。たとえば、大学生向けの第2ラウンドでは学生自身に自由にテーマを考えさせるが、意欲的なグループほど、壮大なテーマを考えやすい。卒業論文のように1年かけてまとめる必要があるくらいのテーマが挙がることや、時には博士論文レベルに匹敵するような、数年かけてまとめ上げないと結論にたどり着けないものが挙がってくることもある。そうすると、分析範囲が膨大になり、与えられた授業時間内に十分な分析を行うことができず、自ずと淡白な結果にならざるを得なくなる。それゆえ、チームの人数や与えられた時間を考慮した、より具体的なテーマの設定が求められる。

　どのような社会問題も国際情報分析のテーマになり得る。ただし、対象が初学者の場合には、手法を身につけることに主眼を置いて、難易度の低いテーマを設定することを推奨する。たとえば、日本に関する近現代史は、以下の特徴があることから初学者向けと言える。

- 学校の授業やニュースで聞きかじったものであれば、若い世代の学習者も馴染みを持って取り組める
- 一般に手に入る文献が多く、情報の量および質が比較的充実している
- 右から左まで幅広い思想や主義に基づく情報があるため、玉石混交

の情報から本質を読み解く力が鍛えられる
- 無意識にナショナリズム的な感覚が刺激され、議論がつい熱くなったり主観的になったりすることがある分、客観性を持って分析する力が鍛えられる
- 国際的なテーマであれば、言語を超えた幅広い調査を行うことができる

　歴史以外でも、社会的に注目されたニュースで発生してから時間が経ったものであれば、上記の特徴に当てはまり、初学者向けのテーマになり得る。

　一方で、現在進行中の時事問題は学習者にとっては身近でとっつきやすいという利点はあるが、実は難易度は高いテーマである。なぜなら、得られる情報量が乏しいことや、十分な議論や検証がなされていないこともあり、学習者が分析する際に広がり・深まり両面において限界が生じやすいからである。その結果、高次の思考を十分に促すことができず、深みに欠ける結論にとどまってしまう恐れがある。

　テーマ案が国際情報分析を行うに相応しいかをチェックするにあたっては、「そのテーマは何のどういう情報を分析すればわかるのか」を自らに問うと良い。本章の実践例にあるように、2-3個のキーとなる情報を徹底的に分析すれば結論が見えそうなテーマを設定することが望まれる。また、テーマはオープンクエスチョン（「なぜ○○なのか？」）でも構わないが、クローズドクエスチョン（「……は本当か？」など、Yes or No で答えられるもの）であれば、対立軸を作って思考することができる。それにより、検証プロセスが比較的明確になるため、初学者向きであると言える。

〈テーマ一例〉
　「北方領土は日本固有の領土だ」は本当か？
　「原爆投下は多くの人命を救った」は本当か？
　「国連 IPCC の地球温暖化説」は本当か？
　「イギリスの BREXIT は国内の政治問題が根底にある」は本当か？
　「ウクライナ戦争の裏で軍需産業が儲けている」は本当か？

（2）象徴的なニュース記事

　学習者によるテーマの理解やキーとなる情報を選択する際の助けになるよう、テーマを象徴するようなニュース記事を用意する場合がある。事前にサブモデレーターが記事を選定し、モデレーターの確認を受けて決定する。当日は、ステージ１の冒頭で学習者にその記事を読むように指示する。その記事に何が書いてあったかについて、学習者自身の言葉で説明してもらうと、彼らの理解度を確認することができる。ステージ１では、その記事に出てきた知らない用語を調べてもらうことから始めると、スムーズに進む。

（3）学習者をやる気にさせる導入の講義

　プログラムは、モデレーターの導入講義から始まる。この講義では、情報分析力を身につけるべき理由（第２章）や、情報伝達のプロセスと情報が歪む可能性（第３章）、そして、学習者が今から取り組むことになる情報分析の方法（第４章）についての説明がなされる。この講義で学習者の興味を引き込むことができれば、その後彼らが強い関心を持ってステージ１に進むことができる。

　以下、実際の授業での導入例を、『インフォメーション・アナリシス 5&5 ──世界が変わる学びの革命』の「第６章　実践ガイドライン」（江嵜 2021）より引用し、紹介したい[1]。

　まずは、次のスライドを提示する。

1　「指導者」を「モデレーター」と記すなど、本書に合わせて表現方法を一部修正している。

モデレーター:「みなさん、『IMF』って知っていますか？ 『国際通貨基金』という世界190か国が加盟する国際機関で、加盟国の為替政策の監視や、国際収支が著しく悪化した加盟国に対して融資を実施する組織です。多額の金額を扱うところで、その力は大国に匹敵すると言ってもいいくらい。専務理事はこの組織のトップです」

　そして、次のスライドを見せ、読み上げる。

> 【5月15日】米ニューヨーク市警は15日、国際通貨基金のドミニク・ストロスカーン専務理事(62)を性的暴行と強姦未遂などの容疑で逮捕した。同市警の発表によると、逮捕は同専務理事が滞在していたニューヨークの女性ホテル従業員からの告訴を受けて行われた。
> 　エールフランス機内で出発を待っていたストロスカーン容疑者は、離陸10分前にケネディ空港当局によって連行された。
>
> http://www.afpbb.com/article/disaster-accidents-crime/crime/2799897/7216921

モデレーター:「さて……。どう思う？」

　と学習者の顔を見回していく。

すると、次のような声がちらほら。

学習者　　　：「すごい組織のトップが何やってるんだろうって思います」
　　　　　　　「こんなお爺ちゃんなのに……」
モデレーター：「そうだね。……でもさ、この記事、なんかおかしくない？」
また、学習者に問いかける。

学習者はキョトンとした表情をしている。

モデレーター：「わかりやすいように、一つ例を挙げようか。たとえばね、アメリカの副大統領が来日して、東京の高級ホテルに宿泊したとしよう。そして、同じようなことをして、ホテルを出て空港に向かう。そして、飛行機に乗り込んで離陸を待っている時に、女性ホテル従業員の訴えを受けた警視庁が離陸 10 分前に飛行機のなかで逮捕！ するかな！？」

学習者は沈黙する。「いや、無理だと思います」という声も。

モデレーター：「そんなことしたら、大変なことになるよね。日本政府から大目玉でしょ」

学習者は、「えっ、じゃあ、どういうことですか！？」と困惑顔になる。
そこで、次のスライドを見せ、読み上げる。

ストロスカーンIMF理事の逮捕は「策略」か

【5月18日 AFP】フランス次期大統領選への立候補が有力視されていた国際通貨基金専務理事のドミニク・ストロスカーン容疑者が、女性暴行未遂の容疑で米国の警察に逮捕された事件について世論調査を行ったところ、仏国民の多くが「陰謀」だと考えているという結果が出た。（中略）

　ストロスカーン容疑者は2012年のフランス大統領選に、与党・国民運動連合のニコラ・サルコジ大統領の強力な対立候補として、社会党から出馬することが期待されていた。

http://www.afpbb.com/article/disaster-accidents-crime/crime/2800922/7226673

モデレーター：「騙された！？」

学習者　　　：「信じられない」
モデレーター：「この専務理事は、身分が身分なので刑務所には入れられなかったけど、この後ホテルに軟禁されたので、自国に戻り大統領選に立候補することができなかった」
学習者　　　：「（唖然）……」
モデレーター：「さっきの例のように、ニューヨーク市警が単独でやったとはとても思えないね」
学習者　　　：「フランスの大統領とアメリカの大統領が……！？」
モデレーター：「どうだろうねぇ……」

　そして、次のスライドを見せて、読み上げる

被害者女性の証言に疑念

【7月2日 AFP】ある捜査当局幹部が同紙に語ったところによると、被害者女性は事件発生から24時間後にボーイフレンドと電話で話した。会話は女性の出身国である西アフリカのギニア共和国のフラニ語で行なわれた。録音の内容が6月29日になって初めて英語に翻訳されると、捜査関係者の間に緊張が走ったという。

　「心配しないで。あの男はお金を持っている。私は自分が何をしているかは分かっている」という趣旨のことをボーイフレンドに話したという。
　ボーイフレンドはブランド服の偽物をマリファナと交換しようとして、入国管理局に収容されており、そこで被害者女性と電話で話したという。
http://www.afpbb.com/article/disaster-accidents-crime/crime/2810045/7449915

学習者　　　：「うっそ！」「そういうことか」
モデレーター：「また騙された？」
学習者　　　：「……」
モデレーター：「あれ〜？　おかしくない？」
学習者　　　：「……！？」（何がという表情）
モデレーター：「さっきは誰が怪しいと思ったのかなぁ」
学習者　　　：「えっ？」
モデレーター：「みんな、この女性ホテル従業員、とんでもない人って思った

よね？　みんながそう思ってくれたら、喜ぶのは誰かな？」
学習者　　　：「あっ……」
モデレーター：「またまた騙された？」
学習者　　　：「(絶句)……」
モデレーター：「じゃあ、最後にこのスライドね」

モデレーター：「訴えちゃいましたね。何で？」
学習者　　　：「復讐だと思います！」
モデレーター：「彼女、そんなお金ないでしょ」
学習者　　　：「え、でも……」
モデレーター：「裁判になったら、公式な調査になるよね」
学習者　　　：「…………」
モデレーター：「名誉挽回に希望をつなぎたかったのかな。でも、このあと続報はなくなりました。さて、みんな、何回騙されましたか？　こんな調子で大丈夫？　騙されない勉強、やりますか？」

　学習者はこれくらい意識を揺さぶられると目の色が変わって、情報伝達のプロセスと情報が歪む可能性（第3章）、情報分析の方法（第4章）で

紹介した説明に食らいついてくるようになる。

(4) 学習者の主体性を促す工夫

　人は自ら学び取ったものしか、身につかない。国際情報分析では、出された結論ではなくその結論を導き出すまでの過程や、ものの見方・考え方を重視する。モデーレーターもサブモデーレーターも、すべてのプロセスにおいて、決して生徒に答えを与えてはならない。代わりに、生徒へ「問いかけ」を重ねることで、生徒の高次の思考を導く。生徒の能動的な思考・行動を促すために、以下の点に注意いただきたい。

モデーレーター

　既述の通り、モデーレーターは各サブモデーレーターとの個別のコミュニケーション、またはすべてのサブモデーレーターを集合させた打ち合わせを適切なタイミングで実施することで、進捗をより詳細に把握し、サブモデーレーターへのアドバイスを行う。プログラム全体のリーダー的存在であるモデーレーターの言動は学習者に影響を与えやすいため、生徒からあえて離れたところで指導を行う。指導の際はサブモデーレーターと学習者の関係性が壊れてしまわぬよう配慮する。グループの状況次第で、どうしてもサブモデーレーターを呼び出せない場合にはアドバイスを控えるのではなく、メモ書きを渡すなどの工夫を行い、こまめにコミュニケーションを取る。

　また、必要に応じて学習者に直接声かけを行うこともある。たとえば、学習者が分析に行き詰まりを感じ、サブモデーレーターも不安に感じているような場面では、モデーレーターの声かけが有効である。「深いところまで分析できてる！　驚いたよ！」「ここはとても良い視点だね。こういう風に整理してみたらどうだろう？　スッキリしない？」などと前向きな声かけで動機づけをすることで、学習者もサブモデーレーターも気を持ち直して取り組むことができる。

サブモデーレーター

　グループに張りついて学習者に接するサブモデーレーターの果たす役割は

重要である。そのため、以下にステージごとに詳細な留意点を示した。

⓪事前準備

　　当日までに、与えられたテーマに関する下調べを行い、参考文献のリストと自分自身の分析・考察結果をプレゼンテーション形式（パワーポイントなど）にまとめた資料を作成し、モデレーターに提出する。これらはすべて、学習者に教えるためのものではなく、学習者へ適切な問いかけを行うための下準備である。

①ステージ1（課題の全体像の把握）

- 当日、導入講義後にグループに分かれたら、タイムスケジュールを確認する。スケジュール管理が非常に重要になるため、見やすい位置に書いておいたり、タイムキーパー役を設けたりするなどして意識させる。学習者・サブモデレーターが初対面の場合には、ここで自己紹介等の短いアイスブレーキングを行う。
- 情報収集開始後は、必ず「調べた結果」と「その情報源」をホワイトボードなどに書き出すよう促す。学習者は調べるのに夢中になり、たいてい書き出すのを忘れる。しかし、このステージで出てきた情報は最後まで鍵になるため、きちんと書き出すよう、サブモデレーターから繰り返し促す。
- この時点では深掘りさせるよりも、広く情報収集することを意識させる。情報に偏りがあれば、後の分析にも偏りが生じてしまう。参照している情報源に偏りがある場合には、バランス良く情報にあたるように促す（ここでバランス良く情報にあたれているかどうかを判断する際に、サブモデレーターの事前準備が生きる）。

②ステージ2（キーとなる情報の選択）

- 情報収集がある程度進んだら、キーとなる情報が何であるかを検証させるために、情報を項目ごとにまとめて整理するよう促す。
- ここでもまだ情報源に偏りがある場合には、問いかけにより偏りを解消する（問いかけの例：「反対の主張をしている文献にもあたったかな？」）。

③ステージ3（個別の情報の収集と分析）

- キーとなる情報が選択できたら、ここからは情報範囲の広さよりも深さを意識した情報収集を促す。書籍の場合にはタイトルだけでなく目次も一読し、関連しそうな書籍を収集できるよう支援する。1人あたり5冊程度の書籍にあたれると良い。また、ここでも文献に偏りが生じないよう留意する。
- 人物について調査する際には、本人を取り巻く背景にも注目するよう問いかける（例：「この人はどんな組織に所属しているのかな？」「どういう生まれで、どういう考えを持っていると考えられるかな？」）。
- 深掘りを進めた結果、テーマからずれていってしまうこともある。そのため、時々テーマや目的を思い出させる。
- 大量の書籍やインターネット上の情報にアクセスすることになるため、重要な情報源には付箋をつけたり、URLを手元に控えておいたりすることが肝要（プレゼンテーション資料でも情報源を明記する必要があるが、あとから探し出すのは非常に大変である）。
- 情報収集ができたら、グループ内で共有する時間を設ける。グループでの共有を通してどのような情報や分析が不足しているかを洗い出し、さらに個別の作業を実施する。ステージ3では特に、グループ内の共有をこまめに行うよう、積極的に促し、個別の作業とグループでの共有を繰り返すなかで分析を進めていく。
- ステージ3では学習者に積極的に問いかけを行う。学習者が根拠のない情報をもとに先へ進もうとしている場合には、必ず問いかけを行う（例：「それはどこに書いてあったの？」「誰がそう言っているのかな？」「えっ、本当！？」）。また、ロジックが崩れている場合には、改善点を直接示すのではなく、ロジックがしっくりこない旨を伝え、学習者にロジックの問題点に気づかせる（例：「うーん、なんだかこのあたりのつながりがよくわからないなぁ」「なんとなくわからないなぁ……」）。
- インターネットで情報収集する場合、ブラウザ上に大量のタブを開

かないよう留意させる。たくさんのタブを開いたままで作業を続けると、ブラウザが落ち、これまでの作業が無駄になることがある。

④ステージ4（個別の結果の統合）
- 情報の整理ができずに学習者が混乱している場合には、たとえば以下の観点で整理するよう促す。
  ▷これまで分析してきた情報を時系列に並べて整理する。そうすることで、各事象の発生順が明確になり、事象間の因果関係を見つけやすくなる。
  ▷当事国ごと、または対立軸ごとに分類して情報を整理する。関係者間の利害関係の把握が容易になる。

⑤ステージ5（最終判断に向けての考察）
- 結論にいたった過程をあらためて学習者に説明させる。そのなかで、根拠となる文献の偏りがないか、十分に利害関係の把握ができているかをチェックする。
- また、最終結論には論理性かつ妥当性があるかを確認する。
- これまでのステージと同様に、決して答えを提示してはならないが、学習者の説明において筋が通っていない部分があれば、ロジックの穴をすかさず指摘するようにする。ここまでに情報収集と分析をしっかり行っていれば、すでに出ている情報を用いて筋の通る説明ができるはずである。

⑥プレゼンテーション作成
- プレゼンテーションのサンプルを配布し、参照しながら作成させる。
- 学習者が取り組んだ具体的内容を、ステージ1から5の順にプレゼンテーション資料に盛り込んでいくよう指導する。その論理展開に無理がないかをチェックする。
- 資料作成においては、以下の点に留意する。
  ▷調べた情報と自らの意見がわかるように示されているか。
  ▷国際情報分析の5アクションの観点から分析結果が示されているか。
  ▷個々の情報について、出典が明記されているか。

⑦プレゼンテーション
- 学習者は大量の情報を収集し分析しているため、どうしても調べてきたことすべてを語りたくなってしまう。また、リハーサルなしにぶっつけ本番で発表させると、時間内に発表が終了しない。このため、必ず学習者にリハーサルを実施させ、時間を厳守させる。

3　高校生向け集中演習形式の実践例

ここからは、高校における実践事例として、旧版である『インフォメーション・アナリシス 5&5 ──世界が変わる学びの革命』（關谷編 2021）の「第4章 Information Analysis 5&5 の実践例」（江嵜・吉田・安井 2021, p.80-93）をもとに、高校2年生を対象に実施した「国際情報分析」

表7-3　宿泊を伴う集中演習形式での実践スケジュール

実施日	時間	活動内容	活動場所
一日目	10:00-11:00	講義：導入・情報分析方法の説明	パソコンルーム
	11:00-12:30	ステージ1：課題の全体像の把握（課題のテーマ決めと課題の概略調査） ステージ2：キーとなる情報の選択	
	12:30-13:10	昼食	食堂
	13:10-17:00	ステージ3：個別の情報の収集と分析 ステージ4：個別の結果の統合	図書館
	17:00-19:00	スポーツセンターへ移動 夕食・入浴	宿舎
	19:00-23:00	ステージ4の続き ステージ5：最終判断に向けての考察（結論の導出とプレゼンテーション作成）	
	23:00	消灯	
二日目	7:00-9:00	起床・朝食 スポーツセンター退所	
	9:00-11:00	プレゼンテーション最終確認 最終成果発表 相互評価・総評	パソコンルーム
	11:00	解散	

合宿での実践を紹介する。高校生向けの一泊二日「国際情報分析」合宿は、表7-3のスケジュールにて実施された。合宿の冒頭、まずは情報分析力が必要とされる背景やその手法について、生徒に理解してもらうため、モデレーターより導入の講義が提供された。

(1) ステージ1:「課題の全体像の把握」

【課題のテーマ決め】

モデレーターによる講義後、今回の実践で取り組む以下の四つのテーマが紹介された。

- 「真珠湾攻撃はルーズベルトの陰謀か?」
- 「北方領土は日本固有の領土なのか?」
- 「人口減少社会において外国人労働者は救世主になり得るか?」
- 「イギリスのBREXITは国内の政治問題が根底にあるのか?」

生徒たちはグループで話し合い、取り組みたいテーマを選ぶ。複数のグループ間で希望するテーマが重複した場合は、じゃんけんで勝ったグループが選択権を獲得する。テーマ決定後、グループに分かれて情報分析を開始する。

ここではこれ以降、「真珠湾攻撃はルーズベルトの陰謀か?」を選択したグループの実践例を紹介する。

【課題の概略調査】

はじめに、生徒たちのテーマに対する基礎知識を確認する。

「みんな、このテーマについてどんなことを知ってる?」

すると、「真珠湾攻撃って聞いたことあるけど、何やっけ?」「アメリカと日本のあいだで起きた事件かな?」「ルーズベルト大統領って誰やろう?この攻撃に関わっている人かな?」「いつ起きた攻撃なんやろう?」と互いに質問し合う生徒たち。テーマに出てくる用語は聞いたことはあるが、具体的な内容は知らないようであった。

そこで、基本的な用語を調べ、グループ内で調査結果を共有しようと決まる。

「真珠湾ってハワイにある『パールハーバー』のことらしい」「ルーズベルト大統領は真珠湾攻撃があった時のアメリカの大統領やって」「太平洋戦争のきっかけになった攻撃みたい」「日本の奇襲って書いてるわ」

この段階において、グループ内でのメンバー間における基礎知識の量の差を解消することが重要である。

基本的な用語の確認がある程度完了したところで、次の概略調査に移る。

「テーマで使われている用語の意味は確認できたね。では次にやることは何？」と問い、課題の概略調査へと促す。

サブモデレーターは、「いつ」「どこで」「誰が」「どのように」「何をしたか」の5W1Hを生徒たちに意識することを伝え、生徒たちがインターネットで課題に関する情報を調べる様子を確認する。また、調べた結果を共有しやすいようにするには、どうするのがいいかを考えさせ、ホワイトボードに書き出すことも促す。この際、情報源を書き忘れる生徒が多かったため、「5アクションの一つ目は何だった？ そう、この段階から出典は必ず書くようにしよう」と伝えた。

この一連の作業は、グループメンバー全員で課題の全体像を俯瞰するにあたって重要である。生徒たちは協力し合い、黙々と関連情報を収集していった。

(2) ステージ2：キーとなる情報の選択

ステージ2では、「課題を検証するにあたってキーとなる情報」を設定する。

課題の概略調査がある程度なされた段階で、グループメンバー全員でこれまでに上がってきたキーワードや情報の確認を行う。そして、ステージ1で整理したホワイトボードを見ながら、「課題を検証するためにキーとなる情報は何かな？」「今出ているので十分かな？」と質問を投げかける。答えを提示するのではなく、ひたすら生徒たちに問うことで、キーとなる情報を生徒たちのなかから導き出させる。情報が不十分な場合や、偏りがある場合においても、決して答えを示すことはせずに、問いを投げかけることによりキーとなる情報の追加の検索を促す。

その結果、今回の課題「真珠湾攻撃はルーズベルトの陰謀か？」におけるキーとなる情報は、以下の3点になった。それぞれ検証が必要なポイントも合わせて記す。

- キーとなる情報①：ルーズベルトは事前に日本からの攻撃の可能性を察知できていたか？
  ルーズベルト自身が真珠湾攻撃を事前に察知していなければ、陰謀を企てることは不可能である。そのため、真珠湾攻撃を知っているか否かがポイントとなる。
- キーとなる情報②：太平洋戦争（日米間の戦争）が始まった理由は

課題の概略調査

キーとなる情報を書き出す生徒

何か？

　課題の概略調査にて、真珠湾攻撃は太平洋戦争のきっかけとなったという情報があった。太平洋戦争が起こった経緯や背景を知ることは、真珠湾攻撃が発生した理由を理解することにつながるため、検証が必要なポイントである。

- キーとなる情報③：真珠湾攻撃や太平洋戦争に関連する国や人物は？

　課題の概略調査にて、真珠湾攻撃は日本とアメリカが関係することがわかったが、これはこの2か国に限った話なのか？ それとも諸外国も関係するのかを確認する必要がある。関係する国や人物に目を向けることは、課題の分析対象を定めるために重要な観点である。

　課題の検証に必要なキーとなる情報を出したのち、グループメンバー全員で、列挙した情報を項目別に並べ視覚的に整理する。視覚的に情報を書き出し、整理しておくことで、次のステージ3での文献収集をスムーズに進めることができる。

(3) ステージ3：個別の情報の収集と分析

【文献（情報）の収集】

　大学の食堂で昼食を取ったのち、図書館へ移動する。

　まず、ステージ2で整理したキーとなる情報に関連する文献の検索・収集を行う。生徒たちはグループ内で役割分担を決めて、1人あたり5冊程度を目安に文献の検索・収集を開始した。

　ある程度の文献を収集した段階で、グループメンバー全員で収集した文献を共有し合う。その際、文献に偏りがないか、広くキーとなる情報に関連する文献にあたっているかを確認する。文献に偏りがある場合は、「特定の立場に立った文献に偏ってないかな？」「他の意見を述べている文献はないかな？」「この著者の文献が多いね。他の著者の書籍はなかったかな？」といった問いかけを行う。キーとなる文献が不足している場合は、「まだ手つかずのキーワードはない？」と声をかけ、追加の文献収集を促す。

　参考として、今回生徒らが図書館から借り出した主な文献を以下に記し

ておく。この内、網掛けされている文献は、サブモデレーターの問いかけによって追加で借り出したものである。

- 小沢弘明，1991，『ヤルタ会談と鉄のカーテン ——何が東欧の運命を決めたのか』岩波書店．
- 開米潤編，2012，『ビーアド「ルーズベルトの責任」を読む』藤原書店．
- 窪田明，2005，『真珠湾攻撃 ——気になる若干の事柄』冬至書房．
- 須藤眞志，1999，『ハル・ノートを書いた男 ——日米開戦外交と「雪」作戦』文藝春秋．
- 須藤眞志，2004，『真珠湾〈奇襲〉論争 ——陰謀論・通告遅延・開戦外交』講談社．
- ハーバート・フーバー，2017，『裏切られた自由（上）——フーバー大統領が語る第二次世界大戦の隠された歴史とその後遺症』ジョージ・H・ナッシュ編，渡辺惣樹訳，草思社．
- ハミルトン・フィッシュ，2017，『ルーズベルトの開戦責任 ——大統領が最も恐れた男の証言』草思社．
- ロバート・B・スティネット，2001，『真珠湾の真実 ——ルーズベルト欺瞞の日々』妹尾作太男監訳，荒井稔・丸太知美共訳，文藝春秋．
- 矢口祐人・森茂岳雄・中山京子，2007，『入門 ハワイ・真珠湾の記憶 ——もうひとつのハワイガイド』明石書店．
- 渡辺惣樹，2017，『誰が第二次世界大戦を起こしたのか ——フーバー大統領「裏切られた自由」を読み解く』草思社．etc.

【情報分析①：ルーズベルトは真珠湾攻撃を事前に察知できていたか？】
　文献収集を終えたあと、パソコンルームに移動し、個別の情報の分析を開始する。生徒たちは書籍を手に取り、文献からの効率的な情報の見つけ方を互いに確認する。「全部読むのは大変や」「どうやって読み進めるのが良いかな？」「あ、まずは目次を見てみよう！」と、知りたいキーワードがないかをチェックし、あれば本文を確認するという手順で情報を確認す

る。そして、重要な情報があればホワイトボードに書き出すという地道な作業を進める。

キーとなる情報①「ルーズベルトは真珠湾攻撃を事前に察知できていたか?」の検証において、生徒たちは「パープル暗号」や「ルーズベルトとチャーチルのやり取り」の存在に着目した。「パープル暗号っていう日本が戦争中に使っていた外交暗号があったみたい!」「この文献だと、パープル暗号はアメリカに解読されていたらしいで」「こっちには、『ルーズベルトからチャーチルに真珠湾攻撃を暗示する電報があった』とも書いてる」と、根拠となりそうな情報を見つけていく。

このように情報を収集・分析するなかで、生徒たちは「ルーズベルトは真珠湾攻撃を事前に知っていた」と整理した。

【情報分析②:真珠湾攻撃はアメリカが日本に仕向けたもの?】
次に、生徒たちはルーズベルトが真珠湾攻撃を予想していたならば、なぜ止めなかったのかという背景を把握するため、ルーズベルト自身に関する検証を進めた。

「この文献には、ルーズベルトは平和主義者って書いてる。ということは、戦争を起こすはずないよな……?」「でも、インターネットで検索すると『裏の顔』とかも出てくる。どういうこと!?」「真逆の情報やん。ルーズベルトの本当の姿はどれなん?」

混乱し始めるメンバーもいたため、ルーズベルトを取り巻く環境や彼が行った政策についても問いかけ、より多面的な分析を促す。

「ルーズベルトっていつの大統領やっけ? その時にアメリカってどんな状況だったんかな?」「どんな政策を行ってたんかな?」

すると、「アメリカは大恐慌があって、社会も混乱して、不景気やったみたい」「その対応のために、ルーズベルトはニューディール政策に取り組んでいたみたい」「ということは……」と分析が進んでいく。加えて、一連の調査のなかで「ハル・ノート」など、真珠湾攻撃が起こったきっかけに関連する、別のキーとなる情報にあたれているかも確認する。

生徒たちはさらなる分析を進めた結果、「真珠湾攻撃は日本の奇襲では

なく、アメリカが仕向けた可能性がある」との考えにいたった。

【情報分析③：他の国との関係は？】
　生徒たちは情報を分析した結果、「ルーズベルトは事前に真珠湾攻撃が起こることを知っていた」「アメリカが日本に真珠湾攻撃を仕向けるようなことがあった」と整理し、「真珠湾攻撃はルーズベルトの陰謀だ」と結論づけた。
　しかし、この時点では、ステージ３の５アクションである「背景の把握」や「利害関係の把握」が不十分である。そのため、生徒たちは日米間の問題として終わらせてしまっている。そんな生徒たちに、日米を超えた世界へ分析範囲を広げるため、サブモデレーターは追加の問いを投げかける。
　「そういえば、ここまで調べるなかで『チャーチル』って人物が出てきたよね？」「どこの国の人やった？」「ルーズベルトと情報のやりとりしてなかったっけ？」
　この問いかけを受けて、生徒らはチャーチルについて調べ始めた。その結果、「チャーチルはイギリスの首相や」「他にも日本と『日独伊三国同盟』を結んでいたドイツやイタリアも関係するかも」と、生徒たちは他の国との関係にも着目しながら、さらに分析を進めていった。

【情報分析④：さらなる黒幕の登場？　ソ連や中国、共産主義の存在】
　背景や利害関係の分析が進んできたところで、サブモデレーターはあらためて生徒たちに問いかけてみる。
　「日本とアメリカだけではなく、いろんな国とのつながりが見えてきたね」「この戦争で、最終的に得したのって誰なんかな？　第二次世界大戦後、どうなった？」
　すると、生徒たちから、「ヤルタ会談」「スターリン」「コミンテルン」という新たなキーワードが出てきた。「第二次世界大戦後の世界をどうするか話し合う会議として、『ヤルタ会談』が開かれたみたい」「そこには、ソ連の『スターリン』って人も参加してたって」「ソ連って共産主義の国やんな」「こっちの文献にはコミンテルンや共産主義も関与してたって書いてる」

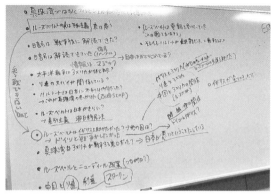
情報が整理されていくホワイトボード

収集した文献を読み込む生徒たち

個別の情報について議論

第 7 章　高等学校における集中演習形式での実践ガイドラインおよび実践事例　131

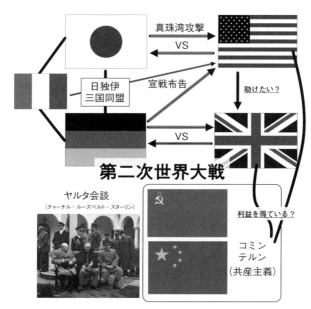

図 7-1　生徒たちの思考のプロセス

　生徒たちは本テーマに関して分析を進めた結果、「コミンテルン」「共産主義」といった国を超えた存在まで分析範囲を広げることができた。実は、分析の初期段階からこれらのキーワードは登場していた。しかし、生徒たちの混乱を避けるため、サブモデレーターはまず課題に直接的に関係する「アメリカ」や「日本」を中心に取り扱い、段階を踏んで分析範囲を広げるように促した。そして、テーマの全体像が明らかになってきた分析の終盤に入ったところで、あらためてこれらの情報について分析することを問いかけにより促したのである。

　情報分析の合宿も後半に差し掛かり、午前中は真っ白だったホワイトボードも、生徒たちが集めた、たくさんの情報で埋め尽くされていた（写真参照）。生徒たちに目をやると、休憩を取ることも忘れて、真理を追究するべく真摯に情報と向き合い、分析を続けている。

(4) ステージ4：個別の結果の統合

　ステージ3がある程度完了したことを確認し、サブモデレーターは生徒たちに声をかけ、ステージ4への移行を促す。生徒たちは、ホワイトボードに書き出した個別の結果を突き合わせて統合する作業を開始する。しかし、情報量が多く、どのように検証結果を統合すべきかわからない様子であった。そこで、サブモデレーターは時系列順や関係国別で整理してみることを提案する。時系列順に整理することで、各事象の順序が明瞭になり、その結果、各々の因果関係がわかりやすくなる。また、関係国別での情報の分類は、利害関係の把握が容易になるという特徴がある。

　時計に目をやると、時刻は17時に差し掛かっていた。夕食と入浴のため、一旦作業を中断する。そして、束の間の休憩でリフレッシュしたあと、作業を再開。生徒たちの集中力は途切れることなく、真剣に情報と向き合い、探究を続けていた。

(5) ステージ5：最終判断に向けての考察

　ステージ4で得られた仮の結論に対して、ステージ5では「最終判断に向けての考察」を行う。仮の結論について、「根拠となる文献に偏りはないか」「背景や利害関係の把握は十分にできているか」「最終結論の論理性や妥当性はどうか」「三角検証で結論の最終チェックを行う」の5アクションを行い、グループの最終結論を導き出す。この最終段階においても、サブモデレーターは答えを提示することはなく、必要に応じて論理の整理をサポートする。

　グループでの最終結論が定まり次第、翌日の15分間の最終成果発表に向けたパワーポイントのスライド作成に着手する。検証プロセスに沿って、ホワイトボードに書き出した分析内容を発表資料に落とし込んでいく。その際、論理に矛盾や飛躍がないか、根拠となる文献情報に漏れがないかなどに注意する必要がある。グループメンバー全員で協力し、最後の力を振り絞って、発表資料の作成に取り組む。

(6) 最終成果発表と今後の学びに向けて

「おはよう。準備は万端？」

朝食を終えて部屋に入ってくる生徒たちに声をかける。

「うーん、あともう少し……」

部屋に入るなり、わずかな時間も無駄にしないよう、真剣な表情でプレゼンテーションの最終確認に取り組む。

「リハーサルお願いします！」

生徒たちの準備が整ったところで、時間を計りながらリハーサルを開始する。サブモデレーターは、「論理の展開に矛盾はないか、飛躍はないか」「文献による情報と自分たちの考えを分けて話せているか」「出典の漏れはないか」等の視点で確認し、生徒たちへコメントする。生徒たちはサブモデレーターによる指摘事項をもとに、発表資料を手直しする。

「時間がない！　急げ！」

発表開始直前まで全力で準備を進める。

「各グループの発表を開始するので、みなさん集まってください」

モデレーターの呼びかけにより、生徒たちは発表準備を終える。

「『真珠湾攻撃はルーズベルトの陰謀か？』について、発表を始めます」

二日間にわたって真剣に取り組んできた生徒たちは、堂々と自分たちの分析結果を発表する。聞き手からの質問に対しても、要点を簡潔に説明することのできる、成長した姿がそこにはあった。

発表終了後、生徒たちに情報分析合宿の感想を聞いてみる。

「こんな疲れた授業初めて！　でも、こんな楽しかった授業も初めて！」「参加できてほんまに良かったです！！」

達成感に満ちた満面の笑みで答える。わずか二日間の実践を通じて、誰よりもテーマに詳しくなったと自信に満ち溢れた表情でもあった。なかには、「時間があれば、もっと深掘りできたのに……」と悔しい表情を見せる生徒もいた。ルーズベルトの陰謀論には、イギリスやドイツ等だけでなく、ソ連や中国、共産主義系のスパイたちも関与していたということにたどり着いたが、限られた時間内で各々の関係性まで解明することが叶わな

かったためである。

「結局、それぞれの関係性って、この後どうなるの？」

どうしても気になって仕方ない生徒が尋ねてきた。そこで、大学の授業で作成したパワーポイントの発表資料を少し見せた。

「え、スライド 70 枚もある！！」「私たちのスライド数の倍以上やん！」と驚きながらも、興奮気味にパソコンの画面を覗き込む生徒たち。

「続きは大学でかな？」

生徒たち自らの力で探究を続けてほしいとの願いを込めて、そっとパソコンを閉じた。

校長先生による講評

頑張り抜いたあとの解放感

〈参考文献一覧〉

江嵜那留穂, 2021,「第6章　実践ガイドライン」關谷武司編『インフォメーション・アナリシス5&5 ——世界が変わる学びの革命』関西学院大学出版会, 115-131.

江嵜那留穂・吉田夏帆・安井志保美, 2021,「第4章　Information Analysis 5&5の実践例」關谷武司編『インフォメーション・アナリシス5&5 ——世界が変わる学びの革命』関西学院大学出版会, 77-104.

第8章

高等学校における「総合的な探究の時間」に向けた有効性の検討
国際情報分析の応用実践の可能性

吉田夏帆

1　はじめに

(1)　高校における「総合的な探究の時間」導入の背景

　昨今、人工知能（AI）やモノのインターネット（IoT）などの「サイバー空間とフィジカル空間を高度に融合させたシステムにより、経済発展と社会的課題の解決を両立する人間中心の社会」として提唱されたSociety 5.0時代の到来が謳われている（内閣府 2024）。加えて、情報化やグローバル化の進展等を受け、社会事象は複雑さを増し、より一層先行きを見通すことが難しい時代になるとも言われている（文部科学省 2018, p. 1）。
　そのようななか、日本では、選挙権年齢等が20歳から18歳へ引き下げられたことに合わせて（2015年公布・2016年施行）（総務省 2024a, 2024b）、成年年齢も同様に20歳から18歳へ引き下げられた（内閣府大臣官房政府広報室 2022）。これにより、高校生にとって政治や社会が今まで以上に身近になると共に、たとえ高校生であっても、自国の未来を担う一大人として、自ら考え、判断できる、責任ある意識や行動が期待されるようになると言える。ゆえに、現代の学校教育においては、学習者がさまざまな変化に積極的に向き合い他者と協働して課題を解決していくことや、玉石混交の情報を見極めて知識の概念的な理解を実現し、情報を再構成するなどして新たな価値につなげていくこと等のできる資質・能力の育成が

求められている（文部科学省 2018, p. 1）。

このような背景から、2018 年の高等学校学習指導要領の改訂に伴い、高校にて、「総合的な学習の時間」に代わって「総合的な探究の時間」が導入されることとなった。他方で、それと同時に、その導入や実施に関する諸課題についても、先行文献にてさまざまに報告されるようになったのもまた事実である。

(2)「総合的な探究の時間」実施にあたっての課題

総合的な探究の時間の導入を受け、先行文献では、とりわけ学校現場における同授業の実施にあたっての不安や課題が多数報告されている。たとえば、総合的な探究の時間においては、特定の教科・科目にとどまらない、教科横断的・総合的な学習が期待される一方（文部科学省 2018, p. 10）、先行文献では、総合的な探究の時間における取り組みと各教科との関連を意識せずに取り組んでいる学校があることや（中央教育審議会初等中等教育分科会教育課程部会 2018, p. 3）、総合的な探究の時間の指導にて教科学習との関連づけが難しいと感じている教員が多いこと（ベネッセ教育総合研究所 2023, p. 24）などが報告されている。

また、総合的な探究の時間では、探究的な学びを実現するため、「①課題の設定→②情報の収集→③整理・分析→④まとめ・表現」の探究プロセスの発展的な繰り返しが重視されている（文部科学省 2018, p. 6）。特に、探究的な学習において「①課題の設定」は極めて重要なプロセスであるにもかかわらず（松田 2018；深谷・三戸 2021）、教員は課題設定そのものやその学習支援に困難さを感じているようである（谷尻・林 2019；中村 2022）。加えて、探究プロセスの「③整理・分析」および「④まとめ・表現」に対する取り組みが不十分であることや（中央教育審議会初等中等教育分科会教育課程部会 2018, p. 3）、探究プロセスの発展的な繰り返し（探究のスパイラル化）の促進や実現が難しいこと（梶木 2021）といった課題も挙げられている。

他にも、先行文献では、総合的な探究の時間に関する次のような課題が指摘されている。

- 学習者のモチベーションや主体性に関する課題（池田・村瀬・武田 2020；一般社団法人英語 4 技能・探究学習推進協会編 2021, p. 80；小見 2022）
- 「科学的に探究するための方法論を教えることが難しい」「生徒の学習にどこまで介入するか判断が難しい」といった指導法に関する課題（ベネッセ教育総合研究所 2023, p. 24）
- 「調べ学習やまとめサイトとの差異化が不分明」「（学習指導要領が規定する）高次な探究になっていない」といった探究の質に関する課題（本田 2022；一般社団法人英語 4 技能・探究学習推進協会編 2021, p. 81）
- 「（信頼性ある、多面的・多角的な）評価が難しい」「どのような評価方法が望ましいかわからない」といった一連の探究学習の活動や成果の評価に関する課題（池田・村瀬・武田 2020；一般社団法人英語 4 技能・探究学習推進協会編 2021, p. 78；小見 2022；ベネッセ教育総合研究所 2023, p. 24）
- 「生徒にどのように役立っているかが不明確」「（学習者の）進路と結びつけるのが難しい」といった探究学習の意義に関する課題（池田・村瀬・武田 2020；ベネッセ教育総合研究所 2023, p. 24）

　この予測困難な現代社会において、高校生にとって探究的な学習が重要であることは論を俟たない。ゆえに、学習指導要領が示す総合的な探究の時間を真に具現化させるためには、上述したような種々の課題に対応し得る、より具体的な探究学習の枠組みや実践モデルの提示が必要であると言えよう。

(3) 本研究の目的
——「総合的な探究の時間」に向けての応用実践の可能性

　これまで本書で論じてきたように、国際情報分析とは、「論理的思考力を向上させる教育法であり、その目的は単に『知識（情報）』を受身的に取捨選択するだけではなく、自らが主体となって『知識（情報）』を分析・評価し、最終的には自分自身の考えを論理的に構築していくもの」である

(本書の第 4 章より引用)。そしてこの取り組みは、高校生に対する実践実績も有していることから（本書の序章、第 1 章、第 7 章参照）、総合的な探究の時間の高等学校学習指導要領（文部科学省 2018）が示す「学習者がさまざまな変化に積極的に向き合い他者と協働して課題を解決していくことや、玉石混交の情報を見極めて知識の概念的な理解を実現し、情報を再構成するなどして新たな価値につなげていくこと等のできる資質・能力の育成」に大いに寄与し得るものであると期待される。

しかしながら、高校生に対する国際情報分析による探究学習の効果等について、これまで学術的には十分に検討されてこなかった。果たして、この国際情報分析手法による探究学習は、総合的な探究の時間の条件を真に満たし、先述した同授業に関する課題に対応し、かつ同授業が求める資質・能力の育成に貢献するものになり得るだろうか。このようなリサーチクエスチョンに基づき、本研究では、国際情報分析による探究学習の「総合的な探究の時間」に向けた有効性を明らかにすることを目的とする。そして、高校におけるより効果的かつ実現可能性ある、総合的な探究の時間の具現化に資する知見やロールモデルの提示を試みる。

2　研究方法

(1) 仮説の設定

上記で示した「国際情報分析手法による探究学習の『総合的な探究の時間』に向けた有効性を明らかにする」という本研究目的を達成するために、次の二つの仮説を設定して、研究を進めることとする。

- 仮説 1：国際情報分析の実践方針（目標や枠組み等）は、総合的な探究の時間の目標の達成に資する内容になっている。
- 仮説 2：国際情報分析は、実際に探究を高度化させ、総合的な探究の時間で育成すべき資質・能力の向上に貢献し得る。

(2) 研究の手順

仮説 1 に関しては、まず高等学校学習指導要領（文部科学省 2018）を

手掛かりに、総合的な探究の時間の目標を整理し、ポイントを抽出する。次に、抽出したポイントと国際情報分析の実践方針（目標や枠組み等）を突き合わせて比較することで、それが総合的な探究の時間の目標の達成に資する内容になっているかについて確認し、仮説1の是非を検討する。

続いて、仮説2に関しては、仮説1と同様、まず高等学校学習指導要領（文部科学省 2018）を手掛かりに、総合的な探究の時間の特質や同授業で育成すべき資質・能力を整理する。次に、実際に高校生を対象に国際情報分析手法による探究学習を実施し、総合的な探究の時間としての有効性を測るための調査を行う。そして、その分析結果から、仮説2の是非を検討する。なお、仮説2の検証に関わる具体的な実践内容や調査方法等については、本章の第4節にて後述する。

最後に、仮説1および仮説2の検証結果を踏まえ、国際情報分析による探究学習の「総合的な探究の時間」に向けての有効性を明らかにし、高校におけるより効果的かつ実現可能性ある総合的な探究の時間の具現化に資する知見等の提示を試みる。

3 仮説1に関する分析結果

本節では、「仮説1：国際情報分析の実践方針（目標や枠組み等）は、総合的な探究の時間の目標の達成に資する内容になっている」の検証を目指して、以下の通り分析を進める。

(1) 総合的な探究の時間の目標の整理

『高等学校学習指導要領（平成30年告示）解説：総合的な探究の時間編』を参考に、総合的な探究の時間の目標を確認すると、「①探究の見方・考え方を働かせ、②横断的・総合的な学習を行うことを通して、③自己の在り方生き方を考えながら、④よりよく課題を発見し解決していく」ための資質・能力の育成が掲げられている（文部科学省 2018, p. 11）。以下では、この目標を因数分解し、より具体的にその意図するところを紐解いていきたい。

第一に、「①探究の見方・考え方を働かせる」について、探究とは、「①日常生活や社会に目を向けた時に湧き上がってくる疑問や関心に基づいて自ら課題を見つけ、②そこにある具体的な問題について情報を収集し、③その情報を整理・分析したり、知識や技能に結びつけたり、考えを出し合ったりしながら問題の解決に取り組み、④明らかになった考えや意見などをまとめ・表現し、そこからまた新たな課題を見つけ、さらなる問題の解決を始めるといった学習活動を発展的に繰り返していく」という「物事の本質を自己との関わりで探り見極めようとする一連の知的営みのこと」であり（図8-1）、その探究のプロセスを支えるのが「探究の見方・考え方」であるとされている（文部科学省 2018, p. 12）。

　そして、「各教科・科目等における見方・考え方を総合的・統合的に活用して、広範で複雑な事象を多様な角度から俯瞰して捉え、実社会・実生活の課題を探究し、自己の在り方生き方を問い続けるという総合的な探究の時間の特質に応じた見方・考え方」こそが、「探究の見方・考え方」と呼ばれるものである（文部科学省 2018, p. 12-13）。

　さらに、その「探究の見方・考え方」には、「各教科・科目等における見方・考え方を総合的・統合的に働かせること」および「総合的な探究の時間に固有な見方・考え方を働かせること」の二つの要素が含まれる（文部科学省 2018, p. 12-13）。具体的には、前者については、実社会や実生活のなかの課題の探究において、国語や外国語等の言葉による見方・考え方、数学的な見方・考え方（事象を数量や図形、それらの関係等に着目して捉え、論理的・統合的・発展的に考えること）、理科の見方・考え方（自然の事物・現象を、質的・量的な関係や時間的・空間的な関係等の科学的な視点で捉えて比較したり関係づけたりするなどの科学的な探究方法を用いて考えること）などを働かせることを指す（文部科学省 2018, p. 12-13）。そして、後者については、「特定の教科科目等の視点だけでは捉えきれない広範かつ複雑な事象を多様な角度から俯瞰して捉えること」や「実社会や実生活の複雑な文脈や自己の在り方生き方と関連づけて問い続けるという、総合的な探究の時間に特有の物事を捉える視点や考え方」を指す（文部科学省 2018, p. 13）。

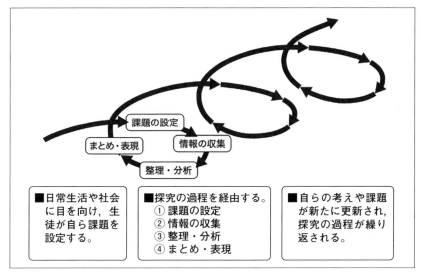

図8-1 探究のプロセス
出典：文部科学省（2018, p. 12）の「探究における生徒の学習の姿」より引用。

　第二に、「②横断的・総合的な学習を行う」とは、総合的な探究の時間の対象や領域が特定の教科・科目等にとどまらず横断的・総合的であること、すなわち、教科・科目等の枠を超えて探究する価値のある課題について、各教科・科目等で身につけた資質・能力を活用・発揮しながら解決に向けて取り組んでいくこととされている（文部科学省 2018, p. 14）。

　第三に、「③自己の在り方生き方を考えながら」課題の解決に向かうということは、「人や社会、自然との関わりにおいて、自らの生活や行動について考えて、社会や自然の一員として、人間として何をすべきか、どのようにすべきか」「自分にとって学ぶことの価値は何か」「その学んだことを現在および将来の自己の在り方生き方にどのようにつなげていけるか」について考え、これらを自覚しながら探究に取り組むことを意味している（文部科学省 2018, p. 14）。

　第四に、「④よりよく課題を発見し解決していく」とは、「解決の道筋がすぐには明らかにならない課題や唯一の正解が存在しない課題などについても、自らの知識や技能等を総合的に働かせて、目前の具体的な課題に粘

り強く対処し解決しようとすること」である（文部科学省 2018, p. 14)。その際、学習者自身が課題を発見することが重要であり、「自分と課題との関係を明らかにすること」および「実社会や実生活と課題との関係をはっきりさせること」が求められる（文部科学省 2018, p. 14-15)。

以上を総合すると、総合的な探究の時間の目標は、表 8-1 のように整理できる。したがって、次項では、国際情報分析が、この目標の達成に資する内容になっているか否かについて検討していく。

表 8-1　総合的な探究の時間の目標（ポイントまとめ）

---

a. 各教科・科目等での見方・考え方や、そこで身につけた資質・能力が生かせる探究課題であること。

b. 多様な角度から俯瞰し、実社会の文脈と関連づけ、問い続け物事を捉える視点を働かせること。

c. 探究のプロセス（課題の設定→情報の収集→整理・分析→まとめ・表現）が含まれていること。

d. 唯一の正解が存在しない課題についても、自らの知識や技能等を総合的に働かせて粘り強く対処し解決しようとすること。

e. 自分と課題、実社会と課題の関係性を明確にすること。

f. 学ぶことの意味や価値を考えること／社会や自然の一員として、ひととして何を・どのようにすべきかを考えること／学んだことを現在と将来の生き方につなげて考えること。

（2）国際情報分析の実践方針
——総合的な探究の時間の目標との比較から

本項では、国際情報分析の実践方針（目標や枠組み等）が、前項で整理した総合的な探究の時間の目標（表 8-1）の達成に資する内容になっているかについて検討を進める。

① 「a. 各教科・科目等での見方・考え方や、そこで身につけた資質・能力が生かせる探究課題であること」に関する検討

　国際情報分析では、「食の安全」「環境問題」「保健・医療」「金融・経済」「紛争」など、国内外で生じている社会課題を対象とした探究テーマを取り扱う。たとえば、「食の安全」一つをとってみても、食料の自給率や輸出入に関する問題（社会科的な見方・考え方）、農薬や遺伝子組み換え作物に関する問題（理科的な見方・考え方）、食の国際規則に関する問題（国際教育的な見方・考え方）に加え、「文献にあたる（国語や外国語等に関する言葉の活用）」や「データを読み解く（数学的な見方・考え方）」など、教科横断的・総合的な取り組みが必要であることが容易に想像できる。ゆえに、国際情報分析で探究するテーマは、各教科・科目等での見方・考え方やそこで習得した資質・能力を十分に生かせる課題であると考えられる。

② 「b. 多様な角度から俯瞰し、実社会の文脈と関連づけ、問い続け物事を捉える視点を働かせること」に関する検討

　国際情報分析では、5アクション（表8-2）に基づいて課題の分析を進めることから、必然的に「多様な角度から俯瞰し」て事象を捉えることになる。また、特に5アクションの「②背景の把握」および「③利害関係の把握」においては、事象と実社会との関連から課題を探究することが求められる。さらに、高校生を対象に国際情報分析を実施する際は、取り組みグループごとに1人のサブモデレーターが配置される。サブモデレーターは、学習者に答えを教えることは絶対になく、「問いかけ」によって深い探究を促す役割が課されている。先行研究でも、正解となる答えを明示するのではなく、考えさせる・気づきを与える問いかけを行うことが、学習者の思考や主体性を促すと報告されていることから（能代谷・内山2021）、このサブモデレーターによる問いかけは、学習者が「問い続け物事を捉える視点を働かせる」ことを後押しすると想定される。したがって、国際情報分析の分析観点（5アクション）は、多様な角度から俯瞰し、実社会の文脈と関連づけ、問い続けて物事を捉える視点を働かせることを促す枠組みになっていると考えられる。

表 8-2　国際情報分析の5アクション

① 根拠の検証	・そのニュース（情報）の出典は何か。 ・どこの、誰の、どういう情報か。 ・信頼に値するものか。 ・データの入手方法は妥当か。
② 背景の把握	・情報のターゲットになっている特定個人、団体、国家などは、どういう背景を持っているか。 ・情報に扱われている事象は、どういう背景や状況を伴っているか、それらは信頼に値するものか。
③ 利害関係の把握	・情報に扱われている事象には、どのようなステークホルダーが関わり、それぞれどのような利害関係にあるか。 ・この情報が流れることで、誰がどういう影響を受けるか。
④ 論理性・妥当性の検証	・情報の解釈に妥当性はあるか、筋は通っているか。 ・偏った立場からの見方になっていないか。
⑤ 三角検証	・他の方法で、その情報が述べていることを検証する方法はないか。 ・手にした情報を別の角度から、あるいは別の手法によって確認できないか。

出典：本書の第4章の内容に基づき筆者作成。

③「c. 探究のプロセス（課題の設定→情報の収集→整理・分析→まとめ・表現）が含まれていること」に関する検討

　国際情報分析では、5ステージ（表8-3）に沿って課題の分析を進める。そこで、国際情報分析の5ステージと総合的な探究の時間の四つの探究プロセス（文部科学省 2018, p. 12）を照らし合わせてみたい。国際情報分析では、ステージ1で課題の背景や全体像を調査し、ステージ2で課題検証にあたっての論点の設定を学習者自ら行う仕組みになっている。このことから、総合的な探究の時間の探究プロセス「①課題の設定：日常生活や社会に目を向けた時に湧き上がってくる疑問や関心に基づいて自ら課題を見つける」が含まれていることがわかる。

　また、国際情報分析のステージ3では、インターネットや書籍等から課題の探究に必要となる情報を収集することから、探究プロセス「②情報の収集：具体的な問題について情報を収集する」が含まれていると言える。

　さらに、国際情報分析では、ステージ3で個別の情報に対して分析し、ステージ4でそれらの分析結果を論理的に統合し、ステージ5で課題に対する最終結論を導き出すことから、探究プロセス「③整理・分析：情報を

整理・分析したり、知識や技能に結びつけたり、考えを出し合ったりしながら問題の解決に取り組む」が含まれている。

最後に、国際情報分析では、ステージ3で情報を視覚化すると共に探究のスパイラルを繰り返し、ステージ4でそれらの分析結果を統合し、ステージ5で自分たちなりの課題に対する最終結論を導き出し、最終的にプレゼンテーションにまとめて探究の成果を発表する。このことから、探究プロセス「④まとめ・表現：明らかになった考えや意見などをまとめ・表現し、そこからまた新たな課題を見つけ、さらなる問題の解決を始めるといった学習活動を発展的に繰り返していく」が含まれていることがわかる。したがって、国際情報分析の5ステージは、総合的な探究の時間の四つの探究プロセスをすべて含んでいると考えられる。

表8-3　国際情報分析の5ステージ

ステージ1 課題の全体像の把握	・まずはインターネット等で調べることで、探究課題の全体像を把握する。
ステージ2 キーとなる情報の選択	・課題を検証するにあたり、キーとなる情報は何か見当をつける（どのような情報の真偽を検討すれば課題が検証できるかを考える）。 ・そのうえで、検証すべき論点を自分たちで設定する。
ステージ3 個別の情報の収集と分析	・インターネットや書籍等から個別の情報を収集する。 ・収集した個別の情報に対して5アクションを行い分析し、それを視覚化し記録に残していく（これを繰り返す）。
ステージ4 個別の結果の統合	・ステージ3で収集した個別の情報を論理的に統合し、課題に対する仮の結論を導き出す。 ・仮に、個別の情報が論理的・整合的に組み上がらない時は、収集した情報に偏りがないかを振り返る必要がある。
ステージ5 最終判断に向けての考察	・ステージ4で得られた課題に対する仮の結論について三角検証（5アクション）を行い、グループの最終結論を導き出す。
成果発表 （プレゼンテーションおよび質疑応答など）	・探究成果をプレゼンテーションにまとめて発表する。 ・成果発表では、自分たちの思考のプロセスを明確に表現することが最重要とされるため、情報の引用と自分たちの考えは明確に線引きすることが求められる。 ・成果発表では、今回の探究だけでは検証しきれなかった点についても「残る疑問」や「さらなる探究」といった形で示すこともある。

出典：本書の第4章の内容に基づき筆者作成。

④「d. 唯一の正解が存在しない課題についても、自らの知識や技能等を総合的に働かせて粘り強く対処し解決しようとすること」に関する検討

国際情報分析では、国内外の実社会で生じている、未だ定説にいたっていない賛否両論ある課題や未解決の課題、すなわち「唯一の正解が存在しない課題」を探究テーマとして取り扱う。加えて、高校生を対象とした国際情報分析は、一泊二日の合宿という缶詰めの状態で行うことで（詳細な実施スケジュールは本書の第7章の表7-3参照）、学習者の知的好奇心を刺激し、一緒に取り組むグループメンバーとの協働で妥協のない探究活動を促す環境が設定されている。これらのことから、唯一の正解が存在しない課題についても、粘り強く探究できる環境づくりがなされていると考えられる。

⑤「e. 自分と課題、実社会と課題の関係性を明確にすること」に関する検討

先述した通り、「実社会と課題の関係性」については、国際情報分析の5アクションに基づく探究によって明確にできると考えられる。他方で、「自分と課題の関係性」については、学習者が一連の探究活動に自律的に取り組み、課題を自分ごとに落とし込むところまで探究が深まれば、自分と課題の関係性を明確にすることも十分可能であると考えられる。

⑥「f. 学ぶことの意味や価値を考えること／社会や自然の一員として、ひととして何を・どのようにすべきかを考えること／学んだことを現在と将来の生き方につなげて考えること」に関する検討

国際情報分析は、「与えられる知識（情報）がすべて真実であることを前提とした調べ学習とは異なり、知識（情報）の分析を通して真実にいたろうとする大学などにおける探究による学びの姿勢を身につけること」を目指すものである（本書の第4章参照）。ゆえに、学習者は、国際情報分析での探究的な学びを通して、「学ぶことの意義や価値を考える」きっかけを得られる可能性がある。また、国際情報分析での探究的な学びによって、学習者がこれまでの学校内での調べ学習的な学びでは知り得なかった実社会のリアルに直面することで、「社会や自然の一員として、ひととして何を・どのようにすべきか」「自分の生き方をどうするか」について考えるきっかけにもなり得ることが期待される。

(3) 国際情報分析の実践方針
――総合的な探究の時間の実施における課題との比較から

　総合的な探究の時間の目標との比較に加え、本章の第1節の「(2)『総合的な探究の時間』実施にあたっての課題」で前述した同授業の実施にあたっての課題についても、特に前項で示しきれなかった点に絞って、国際情報分析の実践方針が有効であるかを検討する。

　第一に、「課題設定やその学習支援に関する課題」について、国際情報分析では、指導者が探究テーマを提示することで、最初の課題設定の困難さを解消させる手立てをとっている。ただし、その際には複数のテーマを提示することで、学習者が自分の興味関心のあるテーマを選べるようにも工夫している。加えて、国際情報分析では、別途ステージ2でテーマを検証するための論点を学習者自らが設定する仕組みとなっているため、たとえ最初の課題設定を指導者が行ったとしても、学習者の課題設定に関する学びの機会を奪うことにはならない。

　第二に、「探究の指導法に関する課題」については、この国際情報分析による探究学習自体が、「5ステージに沿って、5アクションを行うことで課題を探究する」という、極めてシステマティックかつシンプルな、質の高い探究的な学びを具現化する指導法になっている。ゆえに、探究の指導法で頭を悩ませている教員にとっては、同指導法がその解決のヒントになることが期待される。

　第三に、「調べ学習との差別化に関する課題」については、本書の第4章で示した通り、この国際情報分析自体が、単なる調べ学習に終始しない探究の仕組みになっている。ゆえに、同手法を活用することで、より高次の探究的な学びの実現が可能になると考えられる。

　第四に、「探究の活動や成果の評価に関する課題」については、本書の第6章で詳説した通り、国際情報分析の評価は多角的・多面的かつ明確で、より客観性が保たれた仕組みになっている。ゆえに、この国際情報分析は、探究評価の改善にも資するものであると言える。

（4）仮説1の検証

表 8-4　国際情報分析の実践方針と総合的な探究の時間の目標の対応表

総合的な探究の時間の目標	国際情報分析の実践方針（目標や枠組み等）	対応状況
a. 各教科・科目等での見方・考え方や、そこで身につけた資質・能力が生かせる探究課題であること。	・各教科・科目等での見方・考え方やそこで身につけた資質・能力が生かせる、国内外の実社会での課題が対象。	◎
b. 多様な角度から俯瞰し、実社会の文脈と関連づけ、問い続け物事を捉える視点を働かせること。	・5アクションに基づく探究。 ・サブモデレーターからの問いかけによる探究促進の仕掛け。	◎
c. 探究のプロセス（課題の設定→情報の収集→整理・分析→まとめ・表現）が含まれていること。	・5ステージに沿った探究プロセス。	◎
d. 唯一の正解が存在しない課題についても、自らの知識や技能等を総合的に働かせて粘り強く対処し解決しようとすること。	・一泊二日の合宿形式による妥協を許さない探究環境。	◎
e. 自分と課題、実社会と課題の関係性を明確にすること。	・5アクションに基づく探究（ただし、自分と課題の関連性の明確化は学習者次第）。	○
f. 学ぶことの意味や価値を考えること／社会や自然の一員として、ひととして何を・どのようにすべきかを考えること／学んだことを現在と将来の生き方につなげて考えること。	・学ぶ価値や意義、社会や自然の一員として、ひととして何を・どのようにすべきか、いかに生きるかを考えるきっかけの提供。	○

出典：分析結果に基づき筆者作成。

表 8-5　国際情報分析の実践方針と総合的な探究の時間の実施における課題の対応表

総合的な探究の時間の実施における課題	国際情報分析の実践方針（目標や枠組み等）	対応状況
・課題設定やその学習支援に関する課題	・課題設定を二段階（探究テーマは教員、論点は学習者が設定）とする。	○
・指導法に関する課題	・国際情報分析の5ステージと5アクションに基づく、システマティックかつシンプルな探究手法。	◎
・調べ学習との差別化に関する課題	・国際情報分析の調べ学習に終始させない探究の仕組み。	◎
・評価に関する課題	・国際情報分析の多角的・多面的かつ客観性ある評価方法。	◎

出典：分析結果に基づき筆者作成。

本章の第2節および第3節の検討を踏まえ、国際情報分析の実践方針（目標や枠組み等）と総合的な探究の時間の目標（aからf）および総合的な探究の時間の実施における課題の対応状況を、それぞれ表8-4および表8-5の通り整理した。その結果、国際情報分析の実践方針（目標や枠組み等）は、全体として総合的な探究の時間の目標の達成や課題の改善に資する内容になっていることが示唆された。これにより、「仮説1：国際情報分析の実践方針（目標や枠組み等）は、総合的な探究の時間の目標の達成に資する内容になっている」は支持されたものと考えられよう。

4　仮説2に関する分析結果

　本節では、「仮説2：国際情報分析は、実際に探究を高度化させ、総合的な探究の時間で育成すべき資質・能力の向上に貢献し得る」の検証を目指して、以下の通り分析を進める。

(1) 総合的な探究の時間で育成すべき資質・能力の整理

　総合的な探究の時間の特質を確認すると、「探究が高度化し、自律的に行われること」および「他教科・科目における探究との違いを踏まえること」の2点が、同授業が重視するものとして示されている（文部科学省 2018, p. 8）。質の高い探究の実現と関連していることから、前者については特に重要であり、探究が高度化するとは「①探究において目的と解決の方法に矛盾がない（整合性）、②探究において適切に資質・能力を活用している（効果性）、③焦点化し深く掘り下げて探究している（鋭角性）、④幅広い可能性を視野に入れながら探究している（広角性）」などの姿で確認できる。また、探究が自律的に行われるとは、「①自分にとって関わりが深い課題になる（自己課題）、②探究の過程を見通しつつ、自分の力で進められる（運用）、③得られた知見を生かして社会に参画しようとする（社会参画）」などの姿で捉えることができるとされている（文部科学省 2018, p. 9）。

　さらに、総合的な探究の時間で育成すべき資質・能力に着目すると、「探究の過程において、課題の発見と解決に必要な知識および技能を身につけ、

課題に関わる概念を形成し、探究の意義や価値を理解するようにする（知識および技能）」「実社会や実生活と自己との関わりから問いを見出し、自分で課題を立て、情報を集め、整理・分析して、まとめ・表現することができるようにする（思考力・判断力・表現力等）」「探究に主体的・協働的に取り組むとともに、互いのよさを生かしながら、新たな価値を創造し、よりよい社会を実現しようとする態度を養う（学びに向かう力・人間性等）」と提示されている（文部科学省 2018, p. 11）。

以上より、次項以降では、実際に高校生を対象とした国際情報分析による探究的な学びを通して、探究が高度化し、総合的な探究の時間で育成すべき資質・能力の向上に寄与し得るかについて検討を進める。

（2）調査方法

本調査で対象とするのは、西日本に所在するA高校（以下、「対象校」と記す）に在籍し、2021年度に一泊二日の国際情報分析合宿に参加した高校2年生（計18人）である。調査対象の高校生には、同合宿を通して、総合的な探究の時間で育成すべき資質・能力がいかに身についたかに関する質問紙調査（5件法の選択形式および自由記述形式）を実施し、彼らの自己認識を確認する。そして、その調査結果に基づき、仮説2の検証を試みる。

なお、質問紙調査（5件法の選択形式）については、「⑤過去最高に身についた／過去最高にそのような経験があった」「④とても身についた／とてもそのような経験があった」「③まあまあ身についた／まあまあそのような経験があった」「②あまり身につかなかった／あまりそのような経験はなかった」「①まったく身につかなかった／まったくそのような経験はなかった」の五つの選択肢を設定した。

（3）分析結果

①質問紙調査（5件法の選択形式）の結果

対象の高校生へ質問紙調査（選択形式）を実施した結果、18人中15人

から回答が得られ、有効回答率は83％であった。[1]まず、「知識・技能」に関する総合的な探究の時間で育成すべき資質・能力の調査結果に着目すると（図8-2）、「a. 国際情報分析をやってみて、自律的に（自ら進んで、自分自身の力で）テーマを探究する力や態度が身につきましたか？」については、全員が「⑤過去最高に身についた（33％）」あるいは「④とても身についた（67％）」と回答していた。また、「b. 国際情報分析を経験したことで、今後も実社会の課題や問題を探究し続ける力や態度が身につきましたか？」については、「⑤過去最高に身についた（53％）」と回答した者が最も多く、次いで「④とても身についた（40％）」「③まあまあ身についた（7％）」であった。最後に、「c. 身につけた知識や技能のなかから、テーマの検証に必要なものを選び、状況に応じて適用したり、複数の知識や技能を組み合わせたりして、適切に活用できる力が身につきましたか？」については、そのほとんどが「⑤過去最高に身についた（27％）」あるいは

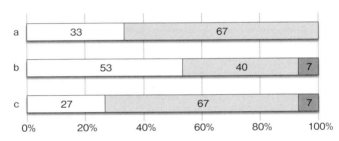

□5 過去最高に身についた　□4 とても身についた　■3 まあまあ身についた
■2 あまり身につかなかった　■1 まったく身につかなかった

a. 国際情報分析をやってみて、自律的に（自ら進んで、自分自身の力で）テーマを探究する力や態度が身につきましたか？
b. 国際情報分析を経験したことで、今後も実社会の課題や問題を探究し続ける力や態度が身につきましたか？
c. 身につけた知識や技能のなかから、テーマの検証に必要なものを選び、状況に応じて適用したり、複数の知識や技能を組み合わせたりして、適切に活用できる力が身につきましたか？

図8-2　「知識・技能」に関する総合的な探究の時間で育成すべき資質・能力の調査結果

注：N=15（有効回答率83％）
出典：質問紙調査の結果に基づき筆者作成。

1　ただし、一部の回答については、これよりも有効回答率が低いケースが見られる。これについては、その都度、結果において示すこととする。

「④とても身についた（67%）」と回答していた。これらのことから、国際情報分析は、「知識・技能」に関する資質・能力の向上に特に寄与し得ると考えられる。

次に、「思考力・判断力・表現力等」に関する総合的な探究の時間で育成すべき資質・能力の調査結果を見ると（図8-3）、「d. 国際情報分析を進める過程で、具体的・個別的な事実だけでなく、それらが複雑に絡み合っている状況を理解する力が身につきましたか？」および「i. 整理した情報

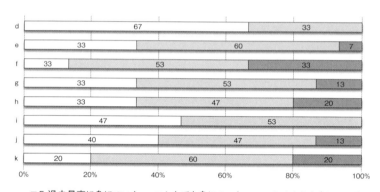

□5 過去最高に身についた　□4 とても身についた　■3 まあまあ身についた
■2 あまり身につかなかった　■1 まったく身につかなかった

d. 国際情報分析を進める過程で、具体的・個別的な事実だけでなく、それらが複雑に絡み合っている状況を理解する力が身につきましたか？
e. 国際情報分析のプロセスを通して、自分自身で情報を取捨・選択し、整理し、構造化する力が身につきましたか？
f. 国際情報分析をやってみて、実社会と自分との関わりから「問い」を見出し、自分で取り組むべき課題を見つけ出す力が身につきましたか？
g. 本やウェブから情報を集める時、テーマを検証するのに必要な情報はどれか、自分で考えて取捨選択する力が身につきましたか？
h. テーマを検証するために、集めた情報を順序よく並べたり、見える化するなどして、わかりやすく整理する力が身につきましたか？
i. 整理した情報を基に、比較・分類して傾向を読み取ったり、因果関係を見つけたりする力が身につきましたか？
j. いくつかの情報を組み合わせて、事象間の新たな関係性や因果関係などを発見する力が身につきましたか？
k. 整理・分析された情報から、自分の意見や考えをまとめて、それを他者へ表現する力が身につきましたか？

図8-3　「思考力・判断力・表現力等」に関する総合的な探究の時間で
育成すべき資質・能力の調査結果

注：N=15（有効回答率83%）
出典：質問紙調査の結果に基づき筆者作成。

を基に、比較・分類して傾向を読み取ったり、因果関係を見つけたりする力が身につきましたか？」については、全員が「⑤過去最高に身についた（それぞれ67％および47％）」あるいは「④とても身についた（それぞれ33％および53％）」と回答しており、国際情報分析では特にこれらの資質・能力の向上に寄与したことが窺える。他方で、「f. 国際情報分析をやってみて、実社会と自分との関わりから『問い』を見出し、自分で取り組むべき課題を見つけ出す力が身につきましたか？」ならびに「h. テーマを検証するために、集めた情報を順序よく並べたり、見える化するなどして、わかりやすく整理する力が身につきましたか？」や「k. 整理・分析された情報から、自分の意見や考えをまとめて、それを他者へ表現する力が身につきましたか？」については、他項目と比較し「③まあまあ身についた」と回答した者が多くなっていることから、他項目よりも少し国際情報分析の貢献度が低い可能性が示唆された。とはいえ、「思考力・判断力・表現力等」に関する資質・能力に関しても、全質問項目において「①まったく身につかなかった」および「②あまり身につかなかった」と回答した者は見られないことから、国際情報分析は一定以上の効果があったものと推察される。

　さらに、「学びに向かう力・人間性等」に関する総合的な探究の時間で育成すべき資質・能力の調査結果に目を向けると（図8-4）、「m. 自ら設定した課題の解決に向けて真剣に本気になって学習活動に取り組む力（探究に主体的に取り組む力）が身につきましたか？」「s. よりよい生活や社会の創造に向けて、自他を尊重すること、自ら取り組んだり異なる他者と力を合わせたりすること、社会に寄与し貢献することなどの適正かつ好ましい態度として『知識・技能』や『思考力・判断力・表現力等』を活用・発揮する力が身につきましたか？」「t. 情報分析を進めるなかで、自分たちで最初に立てた問いや課題そのものが問い直されて、考え直される経験はありましたか？」については、半数以上が「⑤過去最高に身についた」と回答しており、かつ全員が「⑤過去最高に身についた」あるいは「④とても身についた」と回答していたことから、国際情報分析によって特に身についた資質・能力であったと読み取れる。また、それら以外にも全員が「⑤

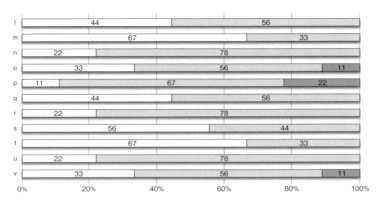

□ 5 過去最高に身についた／過去最高にそのような経験があった
□ 4 とても身についた／とてもそのような経験があった
■ 3 まあまあ身についた／まあまあそのような経験があった
■ 2 あまり身につかなかった／あまりそのような経験はなかった
■ 1 まったく身につかなかった／まったくそのような経験はなかった

l. 身近な人々や社会などに興味関心を持ち、それらに意欲的に関わろうとする主体的・協働的な態度が身につきましたか？
m. 自ら設定した課題の解決に向けて真剣に本気になって学習活動に取り組む力（探究に主体的に取り組む力）が身につきましたか？
n. テーマを検証するために、どのように情報を集め、整理・分析し、まとめ・表現を行っていくかを考えて計画し、行動していく力が身につきましたか？
o. 他者と協働的に（互いに協力し合って）学習する態度が身につきましたか？
p. 探究に主体的・協働的に取り組む中で、互いの資質・能力を認め合い、相互に生かし合う力が身につきましたか？
q. 自ら社会に関わり参画しようとする「意志」、社会を創造する主体としての「自覚」が身につきましたか？
r. 実社会や実生活の課題を探究しながら、自分自身のあり方や生き方を問い続ける力が身につきましたか？
s. よりよい生活や社会の創造に向けて、自他を尊重すること、自ら取り組んだり異なる他者と力を合わせたりすること、社会に寄与し貢献することなどの適正かつ好ましい態度として「知識・技能」や「思考力・判断力・表現力等」を活用・発揮する力が身につきましたか？
t. 情報分析を進めるなかで、自分たちで最初に立てた問いや課題そのものが問い直されて、考え直される経験はありましたか？
u. グループメンバーやサブモデレーターとの意見交換などを通して、課題が更新されたり、新たに調べることを見出したり、自分の考えが明らかになったりする経験はありましたか？
v. 他者と協働的に探究することで、互いのよさを生かしながら、個人ではつくりだすことができない価値を生み出す経験はありましたか？

図 8-4 「学びに向かう力・人間性等」に関する総合的な探究の時間で育成すべき資質・能力の調査結果

注：N=9（有効回答率 50%）
出典：質問紙調査の結果に基づき筆者作成。

過去最高に身についた」あるいは「④とても身についた」と回答していたのが5項目あり（「l. 身近な人々や社会などに興味関心を持ち、それらに意欲的に関わろうとする主体的・協働的な態度が身につきましたか？」「n. テーマを検証するために、どのように情報を集め、整理・分析し、まとめ・表現を行っていくかを考えて計画し、行動していく力が身につきましたか？」「q. 自ら社会に関わり参画しようとする『意志』、社会を創造する主体としての『自覚』が身につきましたか？」「r. 実社会や実生活の課題を探究しながら、自分自身のあり方や生き方を問い続ける力が身につきましたか？」「u. グループメンバーやサブモデレーターとの意見交換などを通して、課題が更新されたり、新たに調べることを見出したり、自分の考えが明らかになったりする経験はありましたか？」）、このことからも、国際情報分析の効果が窺える。以上より、国際情報分析は、一泊二日という短期プログラムであるにもかかわらず、「学びに向かう力・人間性等」に関する資質・能力の向上に大きく貢献し得る可能性が示唆された。

②質問紙調査（自由記述形式）の結果

対象の高校生への質問紙調査（自由記述形式）では、「w. これまでみなさんが取り組んできた調べ学習や探究学習と比べて、今回の国際情報分析はどうでしたか？」および「x. 今回初めて国際情報分析をやってみてどうでしたか？　みなさんの率直な想いや感想を聞かせてください」という二つの質問に対する回答を求めた。その結果、18人中9人より回答が得られ、有効回答率は50％であった（表8-6）。

分析の結果、前者の「w. これまでみなさんが取り組んできた調べ学習や探究学習と比べて、今回の国際情報分析はどうでしたか？」については、「国際情報分析では今まででⅠ番の探究をすることができた」「国際情報分析のほうが、これまで取り組んできた調べ学習よりも、もっともっと深いところまで調べることができ……より自分の身になった」「圧倒的に今回の情報分析の方が深く探究できた」というように、9人中全員が、国際情報分析の方がより深く探究できたと読み取れる記述がなされていた（表8-6の項目w.の網掛け部分参照）。また、9人中6人が「達成感」につい

ても言及しており、かつそのうちの3人が「楽しかった」と感想を述べている（表8-6の項目 w. の下線部分参照）。これらのことから、対象の高校生にとっては、従来の探究学習よりも、国際情報分析の方が優位な学びであったことが窺える。

　続いて、後者の「x. 今回初めて国際情報分析をやってみてどうでしたか？　みなさんの率直な想いや感想を聞かせてください」については、「テスト期間よりも頭を動かすことができた」「こんなにも物事を深く考えたのは初めて」「一気にレベルアップした気分」というような回答が複数名から得られていることから（表8-6の項目 x. の網掛け部分参照）、この国際情報分析では高度な探究が実現できていたものと推察される。加えて、「達成感もすごく大きなものになった」や「自分が思っていた以上にものすごく楽しかった」というように、9人中8人が「達成感」あるいは「楽しさ」について言及していた（表8-6の項目 x. の下線部分参照）。さらに、そのためか、9人中6人が「また挑戦したい」「是非参加したい」「この経験を生かしていきたい」といった探究の継続性についても述べており（表8-6の項目 x. の二重下線部分参照）、国際情報分析では、特に「学びに向かう力」の育成に寄与し得ることが示唆された。

第 8 章　高等学校における「総合的な探究の時間」に向けた有効性の検討　159

表 8-6　自由記述形式の調査結果

ID	w. これまでみなさんが取り組んできた調べ学習や探究学習と比べて、今回の国際情報分析はどうでしたか？	x. 今回初めて国際情報分析をやってみてどうでしたか？　みなさんの率直な想いや感想を聞かせてください
生徒 A	・限られた時間のなかで、大学生の方も一緒ということもあり、いつもより緊張しました。 ・最初はぼんやりとした考えだったのが時間が経つにつれ確信へと変わっていき、スライドを作っている時はいつもより情報に目を光らせながら進められたと思う。頑張った分当然達成感もありました。	・とにかく楽しかったです。しんどいと思ったことはあんまりないくらい、みんなキラキラして笑顔で乗り越えられたと思います。 ・一泊二日では足りないと感じるくらいまだまだ調べてみたいことや、時間が欲しかったです。 ・まだそんなに時間は経っていないのに教室の前を通ると懐かしい気持ちでいっぱいになります。 ・貴重な経験でした。ぜひ、また挑戦したいと思いました。
生徒 B	・三角検証は今までしたことがなかった過程だったので、国際情報分析では今までで1番の探究をすることができたと思います。 ・大変だった分、終わった後の達成感も大きく楽しかったです。	・グループ分けや事前の説明、過去の先輩の話すべて含めて不安で始まった国際情報分析でしたが研究を進めていくにつれてどんどん乗り気になってきていろんな本を読んだり記事をまとめるのが楽しみながらできて今までの学校生活のなかで経験してきた学習系の活動のなかで1番楽しかったです。それと同時に達成感もすごく大きなものになりました。 ・プレゼン中、緊張して声や足の震えが止まらず、失敗したらどうしようと不安も大きかったのですが、同じグループのクラスメイトや関学の学生の方のおかげで最後まで走りきれたと思います。 ・このような機会がまたあれば是非参加したいです!!
生徒 C	・今回の国際情報分析 ・1日で終わらせるという目標があったから	・楽しかったです。 ・これからも興味のあることに対して前よりも深く探究し続けたいです。
生徒 D	・国際情報分析のほうが、これまで取り組んできた調べ学習よりも、もっともっと深いところまで調べることができ、またたくさんの情報を分析したので、情報量や、チームメイトとの協力の点などから、国際情報分析の方が達成感があり、より自分の身になったと思います。	・一泊二日という短い時間で、今まで体験したことないくらい、充実していて、テスト期間よりも、頭を動かすことができ、達成感がありました。 ・しかし、時間が短すぎて、夜中まで起きていたので、2泊3日でもいいのかなと思いました。

生徒E	・限られた時間のなかで楽しみつつ、しっかり考えなければならないということで<u>今回の方が楽しかったし深く研究できたし終わった時の達成感がすごかったです。</u>	・今回やる前はしんどいって聞いていたから、すごく不安だったけど、正直、普段から寝ないこととかあったから寝れないことに関してはそこまで大変じゃなかったです。 ・なので、<u>率直に楽しかったです！ 全然しんどくなかったし、行き詰まった時はあったけど<u>本当に</u>楽しかったです。</u>大学生の方とも仲良くなれたし、大学生ってすごいんだなと思いました。 ・でも、帰った後ご飯を食べたら6時間ぶっ通しで寝てたので、心はしんどくなかったけど体は疲れてたんだなと思いました（笑） ・もう、二週間分ぐらい話した気がします。 ・<u>本当に楽しかったです！</u> ありがとうございました。
生徒F	・<u>今までとはタスクの責任感や使命感が比べ物にならないくらい違いました。</u> ・1日でリサーチをして、それをちゃんとした形で仕上げて翌日には、発表しなければならないというような体験をしたことがなかったので、本当に貴重な経験をさせていただきました。 ・また、1人がやるのではなく、チームワークを磨くいいきっかけとなりました。	・来年も是非やりたいです。周りのクラスメートが前日まで、明日は大変だ〜など嘆いていましたが、私はむしろ楽しみで寝られませんでした。 ・なぜかと言うと、合宿してどんなことが身につくのだろう？ 次の日の私はどのような私に成長しているのだろう？ と考えていたからです。 ・<u>実際、終えてからはもう一度やりたかったと思えるくらい成長した新たな自分に会えることができました。</u> ・もし一泊二日ではなく、二泊三日ならもっと新たな自分に出会えたのではないかと考えると、来年も本当にやりたいなと思いました。 ・<u>今後リサーチしていく時に、この経験を生かしていきたいです。</u> ・貴重な経験をありがとうございました。
生徒G	・<u>今までは情報を得て、その情報を表面でしか見ていませんでした。でも今回の学習でこの情報が本当に正しいのか、どこからの情報源なのか、ネットだけではなく本ではどう言っているのか、と情報を幅広く見て何が正しくて何が間違っているのかを判断することが多かったのでとても考えさせられましたし、情報をよく見る（覗き込むような感じ）ことができたので日本を越えて世界と触れ合えたような感覚がありました。</u>	・正直睡眠時間が削られたので体は疲れましたが、<u>自分が思っていた以上にものすごく楽しかったです！</u> ・<u>こんなにも物事を深く考えたのは初めてです。</u> ・<u>深く考えて、いろんな情報を整理したり因果関係を見つけたりして、自分も世界の問題について考えてもいい存在なんだと改めて知ることができましたし、もっと世界と関わっていきたいと思いました。</u> ・<u>年に1回だけでなく1年間に何度もやりたいなと思いました！</u>

生徒H	・一つのテーマに対して調べなければいけない範囲が広く、関係のないように思うところまで実は関わっているから今までより大変だった分、深く探究できたし達成感もありました。	・大変だった分、久しぶりに達成感を感じました。 ・普段はプレゼンはあんまりしたくないけど今回は2日間本当に頑張ったのでいつもよりプレゼン前に自信が持てました。 ・宿泊の環境がもっと整っているならまたやりたいです。
生徒I	・今回の情報分析はいつもと違って自分たちで歴史を調べるように、〇月〇日に何が起こったとか、出来事が最近だったこともあって、すごく楽しくて、色々なサイトから違う記事などを見つけて合わせていくことができ、達成感も感じました。 ・またグループで活動したのもあって圧倒的に今回の情報分析の方が深く探究できました。	・今年、まったくみんなで遊んでなくて、合宿という名のお泊まり会みたいな感じで、とても楽しかったです。 ・強いていうなら、グループのメンバーが、同じクラスでもそこまで仲良く喋る子じゃなかったから、気を遣うことが多かった印象です。 ・でもそれ以外、調べ学習とか楽しいだけで、みんながしんどいって言っている理由がわからないくらい楽しかったです。 ・プレゼンの内容理解は少し難しさを感じました。 ・一泊二日ですごくいい経験をさせていただき、楽しかったし、一気にレベルアップした気分です。 ・貴重な経験を有り難うございました。

注：N=9（有効回答率50％）
出典：質問紙調査の結果に基づき筆者作成。

(4) 仮説2の検証

　対象の高校生への質問紙調査（5件法の選択形式および自由記述形式）による分析の結果、国際情報分析は、探究を高度化させ、総合的な探究の時間で育成すべき資質・能力の向上に大いに寄与し得ることが明らかとなった。また、それだけでなく、国際情報分析では、探究的な学びの真の楽しさや達成感を提供し得ることから、学習者の学びに向かう力や人間性等の成長に貢献できる可能性も合わせて示唆された。したがって、「仮説2：国際情報分析は、実際に探究を高度化させ、総合的な探究の時間で育成すべき資質・能力の向上に貢献し得る」が支持されたものと言えよう。

(5) 補論：教育関係者による客観的評価

　仮説2の調査対象校での一泊二日の国際情報分析合宿において、初日のみ、B市教育委員会の教育関係者らが視察者として参加した。そして後日、同探究合宿に関するフィードバックが共有され、より客観的な視点からも、国際情報分析の探究的な学びの有効性や学習効果が確認できた。ゆえに、彼らのフィードバックの内容が非常に示唆に富んでいたことから、本項でも参考までに提示したい（表8-7）。

表8-7　B市教育委員会の教育関係者らによる国際情報分析合宿のフィードバック

探究課題の設定に関するフィードバック	・（高校生たちの）調べたいテーマが重なり、じゃんけんで決定されたため、意欲が下がることが懸念されたが、「国際情報分析」という点での興味・関心は残っていた。国際情報分析は方法知の獲得、テーマは内容知の獲得を目指すと考えられるため、この枠組みは参考となった。 ・高校生にとって「これから自分が生きていく社会のことを学ぶのだ」という思いを持たせる課題である。学びのオーナーシップを彼ら自身が持つ入口は、やはり「自分ごと」を意識させることである。 ・「批判的な思考」が有効なことがよくわかった。「情報を収集する動機」「思考の動機」のエネルギー源がここにある。 ・公立中学校で実施するなら、情報活用能力の「情報の整理・分析・判断」の取り組みから進めることができる。
学びの様相に関するフィードバック	・学びに没頭させるための工夫が見事である。我々が見ている範囲でも「①全体像の説明と興味づけ（導入の講義）」「②ゴールの明示（サンプルプレゼンの提示）」「③疑問点を出すことによる課題の焦点化と共有（各グループでの最初の象徴的なニュース記事）」という流れがあり、高校生がのめり込んでいく様子を見ることができた。 ・視覚的な情報を残す場があることが重要である。得られた情報を文字や図で示していくことで、思考の深化や整理がなされると共に、情報の共有も図られる。また、まとめていく際の必要な記録にもなる。書き残せる場が広くあればあるほど、広く深く課題へ向かっていける気がする。「どこでもシート」の存在を知ったことは収穫である。 ・知識の積み重ねがあってからの深い学び、探究的な学びという思い込みを打破するものであった。時には深く、時には広く情報を探っていくなかで、個人で、グループで知識が獲得されていく様子を目にすることができた。そして、その知識を活用しながら探究を深めていっている。その場で獲得した知識が探究を助けているという言い方もできるかもしれない。「田村学」の言う「駆動する知識」とはこういうことを言うのであろうか。 ・高校生が情報を収集する時、インターネットからキーとなる情報を考え、そののちに書籍にあたるという過程を踏んでいた。やみくもに情報収集をさせるのではなく、丁寧に情報にあたらせることが大切である。

	・各自で作業を割りあてることも多かったが、情報共有が常になされていた。サブモデレーターが場面を作っていた時もあったが、高校生同士で新しく発見したことや思いついた考えを自然な形で共有していた。 ・「時間の制限が思考の制限」「ワークシートの範囲が思考の範囲」——ホワイトボード等に記入しきった様子は圧巻。これほど思考に相応しい環境はない。常に50分の授業時間で進めている今の学習に、大きな違和感を覚えた。 ・「グループ内：わからないことの共有→分類と役割分担」および「個人：わからないことを調べる→ホワイトボードに記入し共有」のスパイラルに「協働的な学び」を感じた。普段の授業で、10分程度の話し合い活動で「協働的な学び」と言っていることに、大きな違和感を覚えた。 ・「運動会や音楽会のように、社会科大会があれば」と冗談で言ってきたが、不定期に半日でも実施するのも一つかもしれない。また、中学校1年生初めのオリエンテーションで、協働的な思考を経験する場面があっても良い。その後の教師の「授業づくり」、子どもの「学びの感覚」や「タブレットの使用目的」など効果は大きいはず。
サブモデレーターの存在に関するフィードバック	・サブモデレーターのコーチング的関わりが、高校生の学びを促進させている。問いで返していき、決して答えを言うことはない。教師に学んでほしいところである。十分な時間があるとはいえ、ゴールが設定されているために、進めなければいけない点では同じである。その駆け引き（上手く言葉を選ぶことができないが……）のなかに教師としての力量の要素が多く含まれている気がする。 ・サブモデレーターの方が、高校生が調べ尽くして「もう出尽くしたわ」と言わしめてから動き出す、そのタイミングは日常の学校ではあり得ない。しかし、この状況こそが、深い学びをスタートさせる前提として必要だと感じた。自分たちで得た知識は、思考・判断に直結する様子が窺えた。

注：内容が変わらないことを前提に、本書に合わせて一部表記を修正のうえ、B市教育委員会の教育関係者らのフィードバックを引用している。

5 おわりに

　本章では、国際情報分析手法による探究学習の「総合的な探究の時間」としての有効性の検証を目的とし、次の二つの仮説を設定して分析を進めてきた。

- 仮説1：国際情報分析の実践方針（目標や枠組み等）は、総合的な探究の時間の目標の達成に資する内容になっている。
- 仮説2：国際情報分析は、実際に探究を高度化させ、総合的な探究の時間で育成すべき資質・能力の向上に貢献し得る。

その結果、仮説1に関しては、前掲の表8-4および8-5でも整理したように、国際情報分析の実践方針（目標や枠組み等）は、全体として総合的な探究の時間の目標達成に資する内容になっていることが確認できた。また、仮説2に関しては、調査対象の高校生への質問紙調査（5件法の選択形式および自由記述形式）の結果、国際情報分析は高次の探究を実現し、総合的な探究の時間で育成すべき資質・能力の向上に寄与することが明らかとなった。特に、国際情報分析は、学習者に探究的な学びの真の楽しさや達成感を提供し得ることから、彼らの学びに向かう力や人間性等の成長に大きく貢献できる可能性が示唆された。したがって、両仮説は支持されたと考えられ、国際情報分析の総合的な探究の時間に向けての有効性が検証されたと言えよう。

〈参考文献一覧〉
池田政宣・村瀬公胤・武田明典，2020，「『総合的な探究の時間』の導入に向けた高等学校教員のニーズ調査」『神田外語大学紀要』32，451-471．
一般社団法人英語4技能・探究学習推進協会編，2021，『探究学習白書2021』．
梶木尚美，2021，「『質の高い探究』を実現する探究プロセスモデルの提案──SDGsを題材にした探究学習の授業デザインと教材開発」『大阪教育大学附属高等学校池田校舎研究紀要』53，21-40．
小見まいこ，2022，「『総合的な探究の時間』の推進に向けた教員間の協働を促す組織要因」『放送大学文化科学研究』1，14-23．
総務省，2024a，「公職選挙法等の一部を改正する法律──概要」https://www.soumu.go.jp/main_content/000364623.pdf（最終閲覧日：2024年7月15日）．
総務省，2024b，「選挙権年齢の引下げについて」https://www.soumu.go.jp/senkyo/senkyo_s/news/senkyo/senkyo_nenrei/（最終閲覧日：2024年7月15日）．
谷尻治・林真希，2019，「『総合的な学習の時間』における探究的な学習の過程の適切な指導について──深い学びを実現するために」『学校教育実践研

究』4, 51-57.
中央教育審議会初等中等教育分科会教育課程部会, 2018, 『総合的な探究の時間の成果と課題について（第107回教育課程部会配付資料）』.
内閣府, 2024, 「Society 5.0」
　　　　https://www8.cao.go.jp/cstp/society5_0/index.html（最終閲覧日：2024年7月15日）.
内閣府大臣官房政府広報室, 2022, 「18歳から"大人"に！ 成年年齢引下げで変わること、変わらないこと。」
　　　　https://www.gov-online.go.jp/useful/article/201808/2.html（最終閲覧日：2024年7月15日）.
中村怜詞, 2022, 「総合的な探究の時間を担う教員の育成体系の課題と展望——島根県教育委員会と島根大学の接続の視点から」『島根大学教育学部紀要（特集）』55, 21-29.
能代谷賢治・内山哲治, 2021, 「"探究"の質を向上させるための教師の働きかけ」『宮城教育大学教職大学院紀要』3, 53-65.
深谷達史・三戸大輔, 2021, 「課題の設定を支援する自由研究の授業実践とその効果検証」『日本教育工学会論文誌』45 (2), 213-224.
ベネッセ教育総合研究所, 2023, 『小中高の学習指導に関する調査2022』.
本田由紀, 2022, 「高校の探究学習のテーマ設定場面における指導はいかに行われているか——会話データの分析」『教育社会学研究』111, 5-24.
松田智子, 2018, 「総合的な学習の時間の探究課題の設定について——教科横断的・総合的なカリキュラムの歴史的な考察を通して」『人間教育』1 (1), 15-24.
文部科学省, 2018, 『高等学校学習指導要領（平成30年告示）解説——総合的な探究の時間編』.

終 章
知識基盤社会における国際情報分析の価値

関西学院大学国際学部
教授　關谷武司

1　ついにきた「知の革命」

(1) 知識崇拝主義の終焉

　1975年、兵庫県の高校受験で「思考力テスト」なるものを受けた。何やらだらだら続く文章のなかで、数学や理科や社会など、いろんな教科の問題が無理やり関連づけられて出題されていたことを覚えている。

　長くは続かなかった出題形式だったように思うが、これは「知識」偏重を改め、「考える力」を問うという為政者側の態度表明であったのだろう。

　確かに、大切なことは「知識」じゃないと、随分前から言われ続けてきた。「考える力」が重要なのだと。しかし、社会は結局のところ「知識」を、その「量」を重要視し続けてきた。テストで「知識」の「量」を測るしか、多くの人間を一斉にふるいにかける簡便な方法がなかったからか。

　偏差値なるものの高い者が有名校に進学し、給料の高いハイステータスな職業に就く。私たちの国でも世界でも、そういう人たちが賢い人たちと尊敬されてきた。だから、ほとんどの親は子どもの幸福を願って「勉強しなさい！」とハッパをかけてきた。「勝ち組」「負け組」という呼ばれ方まで出現し、幸せになるために「知識」を追い求めてきたのだ。

　だから、「知識」じゃない、「考える力」が重要なんだと説いてきた先生はいつの時代も狼少年のようなものだった。

　しかし、ついに、「知識」神話が崩壊せざるを得ない時が来た。

　「知識」の大家とも見なされてきた大学教授でも、単なる「知識」比べ

なら、スマートフォンを持った大学生グループに勝てない時代がやってきた。眉毛がポロリと落ちるほど勉強し、膨大な知識量を自分の脳に記憶し続けてきた教授は、人類知の集積体であるインターネット社会をスマートフォンというデバイスを利用する学生に敗北する（もちろん、教授が学生に全面的に敗北するというわけではないが）。

　これは知的動物としての人類にとって革命とも言えるだろう。

　「知識」というものに権威づけられたあらゆる存在の意義が問い直される。

　「知識」の「量」が重要であった時代は極めて長かった。それは、ほとんど人類史と同じだけの長さを持ってきた。

　人類は「知識」を効率よく脳にインプットするために、近代に入ってからは学校という教育システムを開始する。今生きている誰もが、そこで好きでもない勉強をさせられ、深夜まで眠い目を擦りながらテスト対策に苦しんできた。

　それが、今や、スマートフォンで検索すれば、大抵のことは簡単にわかる。なぜ、スマートフォンを取り上げて、覚えている答えを答案に書かせるのか。

　ちょっとませた中学生にそう迫られたら、説得力をもって彼らを唸らせる答えを与えられる教師はいるだろうか。

(2) グローバル化

　どうしてこんな革命が起こり得たのか。

　人は太古の昔から移動を続け、長い長い時を経て地球上の隅々にまで住みつくようになった。そして、15世紀頃から航海術の進歩と共に、大航海時代へと突入した。風と海流頼りの航海だが、1人の人生の長さで世界中を旅することが可能となった。

　1900年代に入り、人類は飛行機を発明する[2]。残念ながらその実用は戦

2　「飛行機の歴史」に関する情報は、「新千歳空港デジタル航空博物館　飛行機今昔物語」を参照した。http://www.new-chitose-airport.jp/ja/spend/enjoy/airplane/digital_museum/konjaku.html（最終閲覧日：2020年12月6日）

争においてなされるのであるが、早くも1924年には、アメリカ陸軍チームにより世界一周が達成された。175日を要したそうだが、人類史から見れば記録的な短縮である。この後の旅客機の大型化は、人類にとってほぼ無限であった地球を小さな惑星に変えてしまった。

　ミレニアムを超えて24年。世界は国と国との関係を重要視する「国際」化から、視点を地球規模に移した「グローバル」化の真っ只中にある。ヒト、モノ、カネ、システム、情報が国境を越えて行き交う時代となりつつある。

　そんななか、2020年に入るや否や猛威をふるった新型コロナウイルスが人の移動に急ブレーキをかけた。

　世界中が同時に鎖国状態に入るのは、人類史上初ではないか。

　しかし、それでも「情報」だけは止められなかった。

　日常生活をwithコロナで送るにあたり、これまでも急速に広まってきていたインターネット社会の真価がくっきりと、その存在感を現すことになった。

(3) インターネットの威力

　インターネットの始まりは、1960年代後半、アメリカの国防総省の支援を得て、アメリカの大学間情報ネットワークとしてスタートした。[3] その非営利での発展から商用化されるにいたり、1990年代後半には個人や団体が作成するウェブサイトや掲示板など、数多くのサイトが運営されるようになる。時間の経過と共に、通信速度が飛躍的に向上し、インターネットサービスを扱う事業者が常時接続や定額料金制度を導入する。情報が双方向でやりとりされるブログやSNSなども登場してくる。そして、2000年代後半からは、動画共有サービスも導入され、既存の大手メディアに匹敵する情報ソースへと成長したインターネット社会が世界中を網羅した。

　こうなると、単なる情報取得や交換だけでなく、現実の距離を超越した

　3　「インターネットの登場・普及とコミュニケーション」に関する情報は、総務省発行の情報通信白書「第1部 特集 進化するデジタル経済とその先にあるSociety 5.0」を参照した。https://www.soumu.go.jp/johotsusintokei/whitepaper/ja/r01/html/nd111120.html（最終閲覧日：2020年12月6日）

新たな生活ツールとして機能する。お買い物から各種サービスの予約、銀行取引まで、「ネットは便利」から「ネットがないと、仕事も勉強も、生活もできん」となってきた。

あらゆる「情報」が、現実の世界ではないインターネットという世界のなかに蓄積され、もはやインターネットにつなげるパソコンなどのデバイスに「情報」を保存しておくことも必要なくなってくる。クラウドサービスという概念を理解するのに苦労した年配の方も多かったのではないだろうか。手軽なスマートフォンでインターネットにアクセスし、ほしい情報はどこでも何でも手に入る。

インターネットの世界には、何十億という人間や組織がつながり、おもしろい映像から、お得なサービス、テストの答えまでが提供されている。

これまで重要であり続けた「知識」も「情報」として、個人の能力的限界を超えて、膨大に生み出され、インターネット上に蓄積され続ける。そうなると、もはや「知識」という「情報」を追うのではなく、それをどう使うかが問題になってくる。

繰り返し繰り返し紙に書き込んだりして、自分の脳に覚え込ませる必要はどこにあるのか。

受験産業や大学が今でも「知識」の「量」をテストし、その結果である偏差値を追っかけて、子どもを選別しているのはバカげている。

このインターネットがもたらす人間生活の変容を、世界レベルで強制的に課したのが先に述べた新型コロナウイルスだ。

ICTの導入が遅れ、労働生産性が上がらないままの日本はコロナに横っ面をビンタされたようなものだ。

2020年の4月から遠隔授業を強いられた我々大学教員も、大学のオンライン教学支援システムがわからないとか、同時双方向ビデオ会議システムが使えないなどという泣き言、「私はアナログ人間だ」なんて個人の主義主張も一切関係なく、Just do it !!!

見事なまでに、仕事も生活もICT化されてしまった（もちろん、ハードの環境がまだまだ万全ではないが）。

これが、人類が「知の革命」を迎える背景だった。

インターネットを作ろうと考えた人は、世界がこうなると予想してこの通信環境世界を生み出したのだろうか。

(4) 知識基盤社会

ここにいたり、社会の仕組み自体が大きく変わり、価値観までもが根本的に見直されることになる。

「情報」はインターネットにあるのだから、「所有」しなくても「利用」すればいい。そうすると、「知識」の価値は無力化するのか。

そうではなく、必要な「知識」という「情報」を手に入れ、それをいかに用いて生活活動を便利に豊かに有効に高めるのか。つまり、「知識」という「情報」を取捨選択して、どう使うかの新たな「知識」が重要だと言われ始めた。日本ではそれを「知恵」と呼び、世界ではそれを「スキル」と呼んだりする。

このような、あらゆる活動が「知識」や「情報」を基盤として動いていく社会、それは「知識基盤社会」と呼ばれるようになる。日本でも、2005年に中央教育審議会答申「我が国の高等教育の将来像」で、「21世紀は『知識基盤社会』(Knowledge-based society) の時代であると言われている」と記述している。[4]

しかし、この「知識」が社会の基盤となることを、インターネットの出現よりも先に見通していた研究者たちがいた。

そのなかの一人で、オーストリアに生まれた経営学者、ピーター・ドラッカーは『断絶の時代──来たるべき知識社会の構想』(1969) で、知識と社会の関係性を論じ、「知識社会」を予見している。岩崎夏海氏の小説『もし高校野球の女子マネージャーがドラッカーの「マネジメント」を読んだら』(2009) のドラッカーとはこの人のことで、まだ、情報化社会の影すら見えなかった時代なのに、すでに継続的な生涯学習が必要だと指摘していた。

---

4 文部科学省, 2005 年 1 月 28 日更新, https://www.mext.go.jp/b_menu/shingi/chukyo/chukyo0/toushin/05013101.htm (最終閲覧日：2020 年 12 月 6 日)

(5) キー・コンピテンシー

経済協力開発機構（Organisation for Economic Co-operation and Development：OECD）は、1997年から2003年にかけて「コンピテンシーの定義と選択」（Definition and Selection of Competencies：DeSeCo）プロジェクトを実施し、国際的に共通する現代人の主要な能力を定義した。

「コンピテンシー」とは、1960年代頃から、経営・人材管理の分野で高い業績を上げる人の特性として使われるようになった言葉だ。それが近年教育分野でも頻繁に見られるようになった。

しかし、一時期もてはやされた「リテラシー」と何が違うのか。

リテラシーには、もともとの「読み書きをする能力」から発展して、「情報を収集し、それらを活用する能力」や「知識や収集した情報などから応用する能力」まで含まれる。「情報リテラシー」や「メディアリテラシー」のように、他の言葉とあわせて使われることも多い。

両者はとても似たことを言っているようだが、コンピテンシーが取り上げられるようになったのは、学校での勉強（読み書きをする能力）が、社会での実践力（高い業績を上げる特性）と必ずしもイコールではないと考えられるようになったからだ。

さて、DeSeCoプロジェクトでは、多くの国の認知科学や評価の専門家、教育関係者を巻き込んで、「知識基盤社会」の時代を担う子どもたちに必要な能力として、「主要能力（キー・コンピテンシー）」を、次の三つのカテゴリーに区分される九つの能力で構成されると定義している（ライチェン＆サルガニク 2006）。

1) 相互作用的に道具を用いる（A.言語、シンボル、テキスト／B.知識や情報／C.技術）
2) 異質な集団で交流する（A.他者と良好な関係をつくる／B.協働する／C.争いを処理し、解決する）
3) 自律的に活動する（A.大きな展望のなかで活動する／B.人生計画や個人的プロジェクトを設計し実行する／C.自らの権利、利害、限界やニーズを表明する）

ユニークなのは、この三つのカテゴリーのベースに「思慮深さ」を位置づけているところで、物事を多角的な視点で捉えることを重視している。

(6) Education 2030

さらに、OECD は急速な社会の変化に合わせて DeSeCo でのキー・コンピテンシーを再定義するプロジェクトを 2015 年に開始した。それが「Education 2030」である。

Education 2030 は、予測不可能な時代を迎えるにあたり、2030 年を目途に、知識・スキル・人間性をどのように育むことを目指すのかを検討するもので、学習者が身につけるべきコンピテンシーを「知識」「スキル」「態度・価値」の三つの枠組みで捉えている。

2018 年 2 月にまとめられた概要によれば、「新たな価値を創造する力」「対立やジレンマを克服する力」「責任ある行動をとる力」の三つの力の育成が必要と再定義されている（OECD 2018）。

日本の文部科学省は、2015 年のプロジェクト開始当初から参加し、国際的なコンピテンシーの枠組み設計やカリキュラムに関する議論に積極的に貢献してきた。このプロジェクトにおける議論や研究の成果は、学習指導要領改訂の議論において参照されるものである。

(7) 日本では Society 5.0

他方、日本では、狩猟社会（Society 1.0）、農耕社会（Society 2.0）、工業社会（Society 3.0）、情報社会（Society 4.0）に続く、新たな社会を指すもので、第 5 期科学技術基本計画において我が国が目指すべき未来社会の姿として、初めて Society 5.0 を提唱した。[5]

総務省は Society 5.0 を「サイバー空間（仮想空間）とフィジカル空間（現実空間）を高度に融合させたシステムにより、経済発展と社会的課題の解決を両立する、人間中心の社会（Society）」と定義している。

5　内閣府，https://www8.cao.go.jp/cstp/society5_0/index.html（最終閲覧日：2020 年 12 月 6 日）

どういう社会なのかピンとこないが、たとえば、現在までのSociety 4.0では年齢や障害などによる労働や行動の制約、少子高齢化や地方の過疎化などの課題に十分に対応することができなかった。これに対し、Society 5.0が実装された社会では、IoT（Internet of Things）ですべてのヒトとモノがつながったり、人工知能（AI）の活用により、ロボットや自動走行車などの技術で、少子高齢化、地方の過疎化、貧富の格差などの課題が克服されると謳われている。

(8) 言語の壁が消失する！？

　もう少し高校生や大学生に身近な例で考えてみよう。
　日本人は、長いあいだ小さな島国のなかで世界から隔離されるように過ごしてきた。そのことで、政治学者サミュエル・P・ハンティントンが1996年に著した国際政治学の著作、『The clash of civilizations and the remaking of world order』（訳：『文明の衝突』）で述べたように、世界で唯一の一国一文明の国を造り上げることとなった。
　世界に二つとないユニークな国だと考えればいい。しかし、それゆえに、これまでは言語の障壁も高く、国際社会で貿易を主として富を築くのに、コミュニケーションに随分と苦労してきた。
　ところが、2014年あたりから翻訳のコンピューターソフトやアプリが飛躍的に改善された。ディープラーニングするAIが投入されたからだと言われている。かつて、ほとんど使い物にならなかったのが、今では国内トップ大学文系学生でも太刀打ちできないレベルになったのではないだろうか。実際、私も論文を英文学術雑誌に投稿する時には、ドラフト版の英訳として利用することがある。もちろん、専門用語など、手を入れる箇所はいくつもあるが、自分で英訳するよりも格段に時間とエネルギーを節約できる。
　これらの翻訳ソフトやアプリが、まだまだ進化するのは間違いない。
　おそらくは、チェスや囲碁の世界チャンピオンがAIに勝てなくなったのと同様、世界最高の同時通訳者がAIに凌駕されるのもそう遠くないのかもしれない。

こういうものを組み込んだ翻訳端末が安価で出回るようになり、実際、学生が海外旅行に行く時には、これらの端末かスマートフォンのアプリで事が済んでいるそうだ。

スマートフォンによって世界100か国語同時通訳を使いこなす日はすぐ目の前に迫っているのだろう（などと言ってるうちに、2024年、AIとつながったメガネが商品化された！）。

そうなってくると、Society 5.0 では言語フリーの日常が開けることになり、私たちの国日本が最大の恩恵にあずかることになるだろう。

英語の先生は大変だ。

明日から生徒は勉強をやめるかもしれない。

2　教育再考

(1)　何を勉強しろというのか

本当に英語を勉強する必要はなくなるのだろうか。

言語の専門家は、それでも英語を習得する必要があるのだとあれこれ力説している。機械を通じた会話では人と人の気持ちは通じ合いにくいとか。

確かに、実際の国際社会で活躍する日本人、すなわち商社の最先端ビジネスマンや外交官、国際協力のプロなどになるなら、機械に頼るのではなく実力を磨くべきだろう。かつて、国際開発コンサルタントとしてその世界にいた者としてもそう思う。

しかし、この論点は TOEIC で言えば、ほぼ満点を取れる人の話なのではないのだろうか。

一体、日本国民の何％がその類の職に就く人なのか。

おそらく1％未満の人しか必要としない教育内容をいつまで必修としてやり続けるべきなんだろうか。

大学の国際系学部で必修にしている語学関係科目は、第一外国語と第二外国語をあわせてどれくらい組まれているのか。卒業条件124単位のうち少なくとも5分の1くらいは占めているのではないか。

事は、AI が同時翻訳するので一切の語学教育は要らなくなるという短

絡的な話ではないだろう。おそらくは、AI翻訳機を使いこなすことで、より次元の高い、幅の広い言語活用を行うにはどういう語学教育をどういった時期から始めるべきかという、根本からの見直しが必要になるのだろう。

　たとえば、電子卓上計算機（電卓）が世に出現した時、「これで計算する必要はもうない。小学校で繰り返しのドリル計算も卒業だな」と思った。しかし、多くのそろばん塾は姿を消したが、人間が四則計算やその応用の算術法を学ばないなんてことにはならなかった。電卓がどういう作業をやっているのかの理屈はきちんと押さえておかなければ、実生活の場面で使えない。

　門外漢の自分だが、語学においても同様なのではないかと感じる。

　「なんか知らんけど、喋ったら英語にもなるし、中国語にもなる」じゃなくて、人間が使う言語には典型的な文法法則があるとか、語彙の形成にはいくつかのパターンがあるとか。そういう言語の基礎基本を学んだうえで、自分がビジネスとかで使いたい言語の基礎文法くらいは学ばないと、AI翻訳機を有効に活用できるようにはならないだろう。

　外国語一つとってみても、こういう状況である。

　AIの存在が当たり前のSociety 5.0の社会では、人間が学ぶべき内容とその方法に強烈な変革をもたらすことになるに違いない。

　最もドラスティックに、根本的見直しを迫られるのは間違いなく高等教育だろう。

(2) 大学教育を考えるもう一つ重要な視点

　「知識基盤社会における高等教育（研究）システムの新たな展開——先端研の試みを例として」と題して、東京大学の澤昭裕氏が単刀直入に報告している。

　「実は産業界が必要とする人材は、『地頭（ぢあたま）』がいい人材、すなわち基本的な知的能力が優れている人材です。地頭が不足している人が、特殊な専門知識教育を受けても、活用力や応用力に欠ける。学生の地頭を作ること、これこそ大学の本当の使命だと思います」（澤 2008, p. 5）

「大学は学問をするところであって、会社の予備校じゃない」という怒りの反論が聞こえてきそうだが、大学進学率が高校卒業者の50％を超えるユニバーサル時代にあっては、もはや時代錯誤の考え方と言われても仕方がない。

「教養教育を教える教員は、それぞれ自分のディシプリンに関する知識を教えているだけなのであって、学生の地頭を総合的にどう開発していくかということには、直接つながっていない」（澤 2008, p. 5）

まさに指摘の通りで、大学教員の採用においては、未だに研究業績の評価が重要視される傾向は続き、就職口のないオーバードクターにこんなことを考える余裕はない。採用されたとて、単年契約で雇われるのが一般的で、次の職につなげるためにも、研究第一にならざるを得ない。

実際のところ、OECDの調査団に「日本の大学はレジャーランド」と1970年に揶揄されて以来すでに54年。実社会のニーズと大学が養成する人材の姿の乖離は甚だしく大きい。

文系学部を中心として、大学は「人生の夏休み」だ、「モラトリアム」だと言い、アルバイトやサークル活動に精を出す学生が多い。就職活動で、「大学時代で最も大きな学びは？」と尋ねられて、「バイトです」と臆面もなく答えている。

そんな大学を信じない企業や公機関は、グローバルに競争するなか、本来は即戦力の人材が必要なのに、他国なら大学で行っている人材育成カリキュラムやリメディアル教育を、多大な経費と時間を費やして実施している（産労総合研究所 2020）。

しかし、ICTへの設備投資が遅れ、労働生産性は先進国中最下位。「失われた20年」が30年になろうとする我が国にあって、このような状況に甘んじている場合ではない。

(3) 求められるのは具体的な提言

残念ながら、Education 2030にしても、計画通りに事が進捗したわけではなさそうだ。

21世紀型能力（コンピテンシー）の設定とその教授法の開発をミッショ

ンとする「OECD 東北スクール」プロジェクトが、2012 年から岩手、宮城、福島の 3 県から 80 人の中高生を集めて行われた。プロジェクトに関わった教員からは、「言っていることはわかるが、学校の現状では受け入れるのは難しい」などのコメントが出されていた。[6]

　求められる能力は、指数関数的に次元が上がる科学技術とそれに支えられる社会に応じて検討されるべきだが、現場とのギャップは大きく、いかに適用できるのかについて戸惑いの声が上がるのは当然であろう。

　総合学習の時間が導入された時も、現場の教員はどうしていいか思案に暮れ、遅れた主要教科の補習時間に使われるなど、上手くいかなかった事例は枚挙にいとまがなかった。

（4）どういう教育方法が必要なのか

　既出の澤氏は、「カリキュラム改革も大事ですが、教える内容だけに議論を集中させずに、方法論や効果の測定にも配慮した教育改革を期待しています」と方法論についても問題を提起している（澤 2008, p. 13）。

　2012 年の中央教育審議会答申「新たな未来を築くための大学教育の質的転換に向けて―生涯学び続け、主体的に考える力を育成する大学へ」において、アクティブ・ラーニングが脚光を浴び、多くの大学で取り入れられつつある。[7] また、2014 年の文部科学大臣諮問（初等中等教育における

　6　三浦治喜,「OECD 東北スクール③」2018 年 10 月更新, https://www.nichibun-g.co.jp/data/web-magazine/manabito/pbl/pbl007/（最終閲覧日：2020 年 12 月 6 日）

　7　中央教育審議会,「新たな未来を築くための大学教育の質的転換に向けて――生涯学び続け、主体的に考える力を育成する大学へ（答申）」, 2012 年 8 月 28 日更新, https://www.mext.go.jp/component/b_menu/shingi/toushin/__icsFiles/afieldfile/2012/10/04/1325048_1.pdf（最終閲覧日：2020 年 12 月 6 日）

教育課程諮問）[8]および中央教育審議会答申（高大接続改革答申）[9]によっても、日本の教育はアクティブ・ラーニングへと大きく舵を切ることになった。

　アクティブ・ラーニングとは、学習する者の能動的な参加を組み込んだ教授学習法のことを指し、教員からの一方的な講義に受動的に参加する授業とは異なる。それは、学習者自らが学びの主体者となることで、深い理解を促進するものである。発見学習、問題解決学習、体験学習、調査学習、課題研究、プロジェクトベース学習、職業体験、反転学習など、さまざまな取り組みが挙げられる（小山・峯下・鈴木 2016）。

　しかしながら、これらの提言は理想的ではあるが、アクティブ・ラーニングを準備するのは時間と手間がかかり経費も嵩む。多忙を極める初等中等教育の教員への負荷は小さくない。大学教員の場合は、指導法を体系的に学ぶシステムも免許制度もなく、文部科学省からの補助金獲得のための条件に従った形ばかりのファカルティ・ディベロップメントにどの程度の効果があるのか。本当にこのような学びが実現可能であるかについてはさらなる議論を要する。

　榎本博明氏は『教育現場は困ってる――薄っぺらな大人をつくる実学志向』（2020）で、能動的・主体的かつ深い学びに向けてグループ学習やプレゼンテーションを組み込んだ授業運営について、現場に根差した見解を述べている。

　「例えばプレゼンテーションのスキルばかりを鍛えても、物事を深く理解し、考える力、想像力を飛翔させる力が鍛えられていなければ、良い仕事ができるとは思えない」（榎本 2020, p. 62）

　「教育現場では『教えないで考えさせる』といった奇妙なことが行われ

8　中央教育審議会,「初等中等教育における教育課程の基準等の在り方について（諮問）」, 2014 年 11 月 20 日更新, https://www.mext.go.jp/b_menu/shingi/chukyo/chukyo0/toushin/1353440.htm（最終閲覧日：2020 年 12 月 6 日）

9　中央教育審議会「新しい時代にふさわしい高大接続の実現に向けた高等学校教育、大学教育、大学入学者選抜の一体的改革について（答申）」, 2014 年 12 月 22 日更新, https://www.mext.go.jp/b_menu/shingi/chukyo/chukyo0/toushin/1354191.htm（最終閲覧日：2020 年 12 月 6 日）

ている」(榎本 2020, p. 66)

「子どもも大学生も、何の知識もなく考えるように言われても、十分に考えることはできない」(榎本 2020, p. 66)

「アクティブ・ラーニングの広まりによって、学力の低下が懸念される事態が生じ、『活動あって学びなし』といった批判が出たり、学習意欲の高い学生が不満を持ったりしている」(榎本 2020, p. 75) と、手厳しいコメントが続く。

実際に、大学で反転学習を取り入れてみて、榎本氏のこのような指摘は的を射ていると言わざるを得ない。アクティブ・ラーニングは、実は通常の講義授業より教員の力量が問われ、少しでも手を抜くと、学生から上がってくるプレゼンテーションやディスカッションはレベルの低いものに成り下がってしまう。授業評価による、授業目標の達成度や理解度、満足度にダイレクトに跳ね返ってくる。

教育内容だけではなく、教育方法においても、そのあるべき姿を論じることは重要であるが、それが実現可能な方法まで突き詰めて作り上げず、現場の教員一人ひとりの創意工夫に任せるべきだという聞こえのいい放任は、無責任と言えるかもしれない。

(5) 本質的でシステマティック

この本で解説してきた国際情報分析は、知識基盤社会において、情報を収集し、分析し、自らの判断を下す高次の思考力を養成する、効果の確認された学習方法である。

具体的な実施方法をシステマティックに示す。そして、それが実際に教育現場で適用可能なシンプルなものであることが重要なポイントであろう。

これを、大学入学前後に知識基盤社会に生きるグローバル人材の教養として修得することを強く勧めたい。

そのことで、国際社会の議論で貝になる日本人をなくすことに貢献できるだろう。

相手を言い負かして勝ちを得るというディベートをグローバル教育のカリキュラムに据えている教育機関があるが、それと国際情報分析は似て非

なるものである。

　国際情報分析は、濁流のような「情報」のなかにあって、自ら求める真実に到達する方法である。議論に勝つことや、ビジネスのプレゼンテーション技術を競うのと、真実を見極めるのは次元の違うことである。

　どういう日本人を育てたいと思っているのか。

　欧米のやり方がベストとは限らない。

　日本発のグローバル人材とはいかにあるべきなのか。

　教育機関が真剣に考えるべきポイントである。

3　最後に、もう一度、「いかなる教育」が必要なのか

　「なぜ生きるのか」「いかに生きるのか」

　多様性を否定する気など毛頭ないが、これまでの人類史という「時間軸」と、世界の現状という「水平軸」から考えることで、何でもありではなく、収斂されていく方向性が見えるのではないか。

　地球という惑星は、我々人類にとってはもはや無限の空間ではない。

　そのなかにあって、私たちは何を学ぶべきなのか。

　人は自ら学び取ったものしか身につかないし、自ら納得したことしかやろうとしない。

　だから与えるだけの教育は効果が薄く、学習者の行動を導くことは稀でしかない。

　必要なのは「探究」と「体感」。

　我々教育に関わる者のなすべきことは、学習者に「問う」ことと、共に「体感」すること。

　国際情報分析は、調べ学習じゃない。

　ディベートじゃない。

　真実を見つけるための「情報」の分析。

　そのプロセスで、「情報」の収集力、分析力、判断力が鍛えられる。

　完全反転学習による、探究する大学の学び方革命である。

　これからの知識基盤社会における、必須の学習技法として、学んでいただけることを願ってやまない。

〈参考文献一覧〉

岩崎夏海，2009，『もし高校野球の女子マネージャーがドラッカーの「マネジメント」を読んだら』ダイヤモンド社．

榎本博明，2020『教育現場は困ってる――薄っぺらな大人をつくる実学志向』平凡社．

小山英樹・峯下隆志・鈴木建生，2016,『この一冊でわかる！ アクティブラーニング』PHP研究所．

澤昭裕，2008，「知識基盤社会における高等教育（研究）システムの新たな展開――先端研の試みを例として」広島大学高等教育研究開発センター編『知識基盤社会における高等教育システムの新たな展開――第35回（2007年度）研究員集会の記録』広島大学高等教育研究開発センター．

産労総合研究所，2020，『企業と人材――教育研修費用の実態』産労総合研究所．

ドラッカー，ピーター・F，1969，『断絶の時代――来たるべき知識社会の構想』林雄二郎訳，ダイヤモンド社．

ライチェン，ドミニク・S，サルガニク，ローラ・H編，2006,『キー・コンピテンシー――国際標準の学力をめざして』立田慶裕監訳，今西幸蔵・岩崎久美子・猿田祐嗣・名取一好・野村和・平沢安政訳，明石書店．

OECD, 2018, *The future of education and skills education 2030*, OECD.

Huntington, S. P.（1996）．*The clash of civilizations and the remaking of world order*, Simon & Schuster.

おわりに代えて
主編者の嘆き

関西学院大学国際学部
教授　關谷武司

　地球上の人間総出でインターネット空間に知の集積体を作り上げ、検索することで自由に知を手にすることができるようになった。
　その集積体が膨らむ速度がどのくらいすごいか。
　「グーグルの検索ページは30兆を超え、しかもそれが瞬間瞬間、更新・追加され続けています。例えばYouTubeにアップされる動画は1分間で約100時間分、Facebookの投稿は1分間で70万件、Instagramの写真は1分間に51万回『いいね！』を獲得します。世界中で1日に作られているデジタルデータを合算すると250京バイト。DVD-Rに換算して、2時間強の映画約5億本分に相当するそうです」（小山・峯下・鈴木 2016, p. 204-205）
　ちょっと想像できないような天文学的数値なのでよくわからないが、もしかすると、有史以来、世界中の国の図書館が蓄えている情報量をすでに超えているのではないのだろうか。ためになる情報か否かは別として。
　人類は科学技術を飛躍的に進歩させてきた。
　しかし、こんなに賢いはずである生物なのに、世界の貧富の格差は拡大の一途をたどり、未だに領土争いをし、軍備拡張を競い合っている。
　この愚かさは一体どういうことなのか。
　「いかに生きるべきなのか」
　この問いは紀元前古代ギリシャの頃から問われ続けてきた。
　しかし、この点において、人類は一歩も進歩していないのではないか。
　日本の社会を眺めても、世界に目を移しても……。
　人類の外界へ及ぼす「力」の進歩と自分を制御する内的進歩。この乖離

はいかに。

　「力」だけは強くなるが、それを使う主体が愚かなままでは、世界が危なくて仕方ないのは理の当然。

　もう一つの学ぶべき側面がある。

　人類は、これまでこの内的進歩を「哲学」と「宗教」に求めてきたのだろうが、世界史を見る限り、いずれも成功してきたとは言い難いのではないか。

　Society 5.0 が実装される 21 世紀は、「いかに生きるか」を問う「教育」の時代。

　大学世界ランキング上位校であろうと、そこで授けるのは知識と技術という「力」、そしてその証明である証書だけ。

　ゆえに、人類の知的な賢さと人格は比例しない。

　阿曽沼明裕氏によれば、「知識基盤社会のベースには、知識基盤経済 (knowledge-driven economy あるいは knowledge-based economy) という考え方があるようだ」とある（阿曽沼 2011, p. 70）。

　今また、経済を中心にキー・コンピテンシーを探り、それを育てようとしているならば、その根本の方向性に誤りはないのだろうか。

　せめて、持続可能な開発目標（Sustainable Development Goals：SDGs）のような方向を目指したキー・コンピテンシーの模索であるべきではないのか。

　OECD の定めるキー・コンピテンシーにも、「態度」のところに申しわけ程度に「正義」が入っているが、人類はわかり合うことを放棄しているように思えてならない。

　世界最大の国家間機構である国際連合。そのなかで唯一武力行使もできる安全保障理事会では、拒否権を行使することで第三次世界大戦を避けてこれたと言われている。

　このような後ろ向きの合意でしか人類は動けないのか。今や、小さくなった地球上での自己中心的な自国優先活動に飽き足らず、宇宙に場を広げて同じことをやろうとしているようにすら見える。

　レイ・カーツワイル氏は、汎用型 AI が人類の能力を凌駕するシンギュ

ラリティの到来を 2045 年と予測する（カーツワイル 2016）。その前に、ルール作りが必要だと言われている。

　ルールの制定には、その根本哲学が必要なのに……。

　さて、これらの現実が来るまで、彼の予測が正しいとすれば、まだ 21 年はある。

　それまでに、まずは、ブルームの言う「高次思考力」を身につけるために、広くこの国際情報分析によって、探究する能力を磨いてもらえればと願っている。

〈参考文献一覧〉

阿曽沼明裕，2011，「知識社会のインパクト」有本章編『変貌する世界の大学教授職』玉川大学出版部.

カーツワイル，レイ，2016，『シンギュラリティは近い——人類が生命を超越するとき』NHK 出版編，NHK 出版.

小山英樹・峯下隆志・鈴木建生，2016，『この一冊でわかる！ アクティブラーニング』PHP 研究所.

執筆者略歴

(執筆順)

關谷 武司（せきや たけし）————（主編者の第一声・第 4 章・終章・おわりに代えて）
広島大学教育学研究科博士課程修了　博士（学術）
専門分野：教育社会学（教育開発）
JICA 派遣専門家として、技術協力プロジェクトの立案、運営、評価を実施。2005 年、教育開発コンサルタント会社「クリスタルインテリジェンス」代表取締役。2009 年 4 月より関西学院大学にて国際ボランティア担当。国際学部教授。

栗本 嘉子（くりもと よしこ）————————————————————（序章）
英国国立レディング大学（University of Reading）博士課程修了　文学博士
専門分野：応用言語学
京都大学、京都ノートルダム女子大学、神戸海星女学院大学非常勤講師、オクスフォード・ブルックス大学客員講師、聖母女学院短期大学准教授を経て、2008 年 4 月より母校中高へ。2012 年 4 月学校長就任。2020 年 4 月より学校法人学院長就任。校長兼任。

中村 良平（なかむら りょうへい）————————————————（第 1 章）
京都大学大学院文学研究科修士課程修了
専門分野：言語学
日本ユニシス株式会社勤務（システムエンジニア）を経て、2007 年よりノートルダム女学院中学高等学校教諭（英語科・情報科）。グローバル英語コース長、21 世紀教育開発推進室長、教頭を務め、同校にて高校生向け「国際情報分析」合宿を経験。2023 年より、京都教育大学附属高等学校英語科教諭。

関谷 祐史（せきや ひろふみ）————————————————（第 2 章）
関西学院大学大学院文学研究科修士課程修了　修士（心理科学）
専門分野：臨床心理学、感情心理学。
2023 年 4 月より帝塚山学院大学非常勤講師。関西学院大学大学院文学研究科博士課程後期課程在籍中。公認心理師。

坂本 萌歌（さかもと もえか）————————————————（第 2 章）
関西学院大学国際学部国際学科卒業　学士（国際学）
大学在学中、ザンビア共和国にて 5 か月間ボランティアとして広報活動に従事。
関西学院大学大学院国際学研究科博士課程前期課程在籍中。

松下 明日香（まつした あすか）————————————————（第 3 章）
鳴門教育大学大学院学校教育研究科修士課程修了　修士（教育学）
専門分野：保育学
保育士、金沢学院大学教育学部助教を経て、2023 年 4 月より四條畷学園短期大学保育学科講師。
関西学院大学大学院国際学研究科博士課程後期課程在籍中。

亀崎 綾乃（かめざき あやの）——————————————————（第 3 章）
　2014 年よりカナデビア株式会社勤務。有明工場管理部にて採用活動、社内教育、労務管理等の人事領域を担当。高校生向けの国際情報分析集中演習形式にてサブモデレーターを 1 回務める。

吉田 夏帆（よしだ なつほ）——————————————————（第 4 章・第 8 章）
　関西学院大学大学院国際学研究科博士課程後期課程修了　博士（国際学）
　専門分野：教育社会学（教育開発）、国際理解教育、地域研究
　日本学術振興会特別研究員（DC1）、高崎経済大学地域政策学部特命助教等を経て、現在、兵庫教育大学大学院学校教育研究科教育実践高度化専攻グローバル化推進教育リーダーコース講師。

江嵜 那留穂（えざき なるほ）——————————————————（第 5 章）
　関西学院大学大学院国際学研究科博士課程後期課程修了　博士（国際学）
　専門分野：国際教育開発、教育社会学、国際学
　日本学術振興会特別研究員（DC1）、関西学院大学国際教育・協力センター助教を経て、2021 年 4 月より愛知淑徳大学交流文化学部講師。2024 年 4 月より准教授。

辻　彩（つじ さやか）——————————————————（第 6 章）
　鳴門教育大学大学院学校教育研究科教科・領域教育専攻修士課程修了　修士（教育学）
　2015 年より小学校教諭として勤務。関西学院大学大学院国際学研究科博士課程後期課程在籍中。高校生および教員向けの国際情報分析集中演習形式にてモデレーター・サブモデレーターを合計 8 回務める。

芦田 明美（あしだ あけみ）——————————————————（第 6 章）
　神戸大学大学院国際協力研究科博士課程後期課程修了　博士（学術）
　専門分野：国際教育開発、比較教育学、教育社会学
　日本学術振興会特別研究員（DC1）、国連教育科学文化機関（UNESCO）アジア太平洋地域教育局プログラムオフィサー、東京大学大学院教育学研究科特別研究員（日本学術振興会 PD）、早稲田大学大学院アジア太平洋研究科講師を経て、2022 年 4 月より名古屋大学大学院国際開発研究科准教授。

樋口 祥子（ひぐち しょうこ）——————————————————（第 7 章）
　米国 Florida Coastal School of Law 修了（LL.M.）
　大学卒業後、2023 年 9 月まで三井物産株式会社勤務。特定非営利活動法人国際協力アカデミー理事。関西学院大学大学院国際学研究科博士課程後期課程在籍中。高校生および教員向けの国際情報分析集中演習形式にてモデレーター・サブモデレーターを合計 8 回務める。

中村 静香（なかむら しずか）——————————————————（第 7 章）
　2013 年より 株式会社 IHI 勤務。航空・宇宙・防衛事業領域民間エンジン事業部にて海外営業や企画・管理を担当。International Aero Engines AG（米国拠点の関係会社）にて 3 年間勤務。国立ロンドン大学キングス・カレッジ（King's College London）国際関係学修士課程在籍中。高校生向けの国際情報分析集中演習形式にてサブモデレーターを合計 7 回務める。

編者

關谷 武司（せきや たけし）
関西学院大学国際学部教授
専門分野：教育社会学（教育開発）

[主要著書・論文]
Sekiya, T., 2014, Individual patterns of enrolment in primary schools in the Republic of Honduras. *Education 3-13: International Journal of Primary, Elementary and Early Years Education, 42* (5), 460-474.
Sekiya, T., & Ashida, A., 2017, An Analysis of Primary School Dropout Patterns in Honduras. *Journal of Latinos and Education, 16* (1), 65-73.
關谷武司編, 2016,『世界へ挑む君たちへ──実践型グローバル人材教育論』関西学院大学出版会.
關谷武司編, 2018,『開発途上国で学ぶ子どもたち──マクロ政策に資するミクロな修学実態分析』関西学院大学出版会.

吉田 夏帆（よしだ なつほ）
兵庫教育大学大学院学校教育研究科教育実践高度化専攻グローバル化推進教育リーダーコース講師
専門分野：教育社会学（教育開発）、国際理解教育、地域研究

[主要著書・論文]
Yoshida, N., 2020, Socio-economic status and the impact of the 'Continuous Assessment and Progression System' in primary education in Myanmar. *Education 3-13 International Journal of Primary, Elementary and Early Years Education, 48* (6), 674-689.
Yoshida, N., 2020, Enrolment status disparity：evidence from secondary education in Myanmar. *International Journal of Comparative Education and Development, 22* (2), 101-114.
吉田夏帆, 2022,『ミャンマーの基礎教育──軍政から民政にかけての教育政策の効果検証』明石書店.

江嵜 那留穂（えざき なるほ）
愛知淑徳大学交流文化学部准教授
専門分野：国際教育開発、教育社会学、国際学

[主要著書・論文]
Ezaki, N., 2019, Enrolment patterns of individual children left behind in the trend towards 'quality education': A case study of primary education in Nepal. *Education 3-13, International Journal of Primary, Elementary and Early Years Education, 47* (5), 520-533.
Ezaki, N., 2021, Relation between educational qualifications and occupations/incomes in a globalized world: Focusing on Nepalese youth. *International Journal of Comparative Education and Development, 23* (1), 23-43.
Ezaki, N., 2021, *Impact of the 2015 Nepal earthquakes on individual children's enrolment situation: Seeking 'high-quality education'*. Union Press.

国際情報分析
実社会で本当に求められる実践的探究法

2025年1月1日初版第一刷発行

編　者	關谷武司／吉田夏帆／江嵜那留穂
発行者	田村和彦
発行所	関西学院大学出版会
所在地	〒662-0891
	兵庫県西宮市上ケ原一番町1-155
電　話	0798-53-7002
印　刷	協和印刷株式会社

©2025 Takeshi Sekiya, Natsuho Yoshida, Naruho Ezaki
Printed in Japan by Kwansei Gakuin University Press
ISBN 978-4-86283-387-7
乱丁・落丁本はお取り替えいたします。
本書の全部または一部を無断で複写・複製することを禁じます。